नाभिकीय मुक्त दुनिया की ओर...

नाभिकीय मुक्त दुनिया की ओर...

संदीप

वाणी प्रकाशन

वाणी प्रकाशन
4695, 21-ए, दरियागंज, नयी दिल्ली 110 002

शाखा
अशोक राजपथ, पटना 800 004

फ़ोन: +91 11 23273167 फ़ैक्स: +91 11 23275710

www.vaniprakashan.in
vaniprakashan@gmail.com

NABHIKIYA MUKT DUNIYA KI OR
by Sandeep

ISBN : 978-93-5072-436-1
Science

प्रथम संस्करण
मूल्य: ₹ 200

न्यू कृष्णा ऑफ़सेट, दिल्ली-110 093 में मुद्रित

वाणी प्रकाशन का लोगो मक़बूल फ़िदा हुसेन की कूची से

भूमिका

1998 में हुए नाभिकीय परीक्षण के बाद जब मैंने अपने साथियों के साथ मिलकर नाभिकीय निशस्त्रीकरण के उद्देश्य से पोकरण से सारनाथ तक की लम्बी 'विश्व शांति पदयात्रा' की थी तब यह सोचा भी नहीं था कि कभी इस विषय पर इस तरह की पुस्तक भी लिखूंगा। इस पदयात्रा से पहले अपनी समझ बनाने के लिए मैं सम्पूर्ण क्रांति विद्यालय, वेडछी, गुजरात में एक हफ्ता नारायण देसाई, सुरेन्द्र व संघमित्रा गाडेकर के सान्निध्य में बिता कर आया था। 2000 में प्रफुल बिदवई ने स्वीडन में एक निशस्त्रीकरण के सम्मेलन में निमंत्रित किया जहां इस विषय के अंतर्राष्ट्रीय आयाम समझने का मौका मिला। फिर 2001 में जिया मियां के निमंत्रण पर प्रिंसटन विश्वविद्यालय में तीन माह रह कर विषय की वैज्ञानिक समझ बढ़ाई। इस दिशा में जिया मियां के अलावा एम.वी. रमणा व पाकिस्तानी वैज्ञानिकों परवेज़ हुडभॉय व ए.एच. नैयर का भी पूरा सहयोग मिला। दोबारा 2007 में एक माह फिर प्रिंसटन विश्वविद्यालय में समय बिताने का मौका मिला। वस्तुतः यह पुस्तक मेरे प्रिंसटन विश्वविद्यालय में 2001 और 2007 में किए गए लेखन पर आधारित है। इसलिए मैं प्रिंसटन विश्वविद्यालय को धन्यवाद देता हूं कि उसने मुझ जैसे कार्यकर्ता को भाग-दौड़ की जिन्दगी से कुछ समय निकाल कर इस पेचीदे विषय की समझ विकसित करने का मौका दिया।

यह वह भी दौर था जब भारत-अमरीका नाभिकीय समझौते को लेकर बहुत बहस छिड़ी हुई थी। मनमोहन सिंह ने अपनी सरकार ही दांव पर लगा दी थी। नाभिकीय ऊर्जा का आविष्कार द्वितीय विश्व युद्ध के पहले हुआ। वैज्ञानिक अभिभूत थे। परमाणु के विघटन से इतनी ऊर्जा निकल सकती है! घोषणा हो गई कि अब तो इतनी ऊर्जा पैदा होगी कि सबको बिजली मुफ्त मिलेगी। घरों में बिजली के मीटर लगाने की ही जरूरत नहीं पड़ेगी। किन्तु इसके अंदर छिपे जहर का अंदाजा वैज्ञानिकों को शुरू में नहीं था। प्रारम्भिक नाभिकीय परीक्षण हवा में ही कर लिए गए। वो तो धीरे-धीरे वैज्ञानिकों को विकिरण की मारक क्षमता का अहसास हुआ। अमरीका द्वारा हिरोशिमा व नागासाकी पर नाभिकीय शस्त्रों के इस्तेमाल की विभीषिका व पेनसिलवेनिया राज्य में थ्री माइल आईलैण्ड, सोवियत संघ में चेर्नोबिल

व जापान में फ्यूकुशिमा के नाभिकीय बिजली संयंत्रों में हुई दुर्घटनाओं से वैज्ञानिकों का उत्साह ठण्डा पड़ा है। इन दुर्घटनाओं से एक तरफ नाभिकीय ऊर्जा के खतरों का अहसास हुआ तो दूसरी तरफ उससे पैदा होने वाली बिजली की कीमत काफी बढ़ गई। पश्चिम व जापान में अब नागरिक नाभिकीय ऊर्जा के खतरों के प्रति इतने जागरूक हैं कि पिछले लगभग तीस सालों में अमरीका व यूरोप के बड़े हिस्से में कोई नया नाभिकीय बिजली संयंत्र नहीं लग पाया है और अब जापान में भी नहीं लगेगा। यदि इन देशों की सरकारें चाहें भी तो नागरिक नहीं लगने देंगे। भारत में उस किस्म की जागरूकता नहीं है। जो इसके विशेषज्ञ वैज्ञानिक हैं वे सब सरकारी महकमे से जुड़े होने के नाते अपने निहित स्वार्थ के कारण नाभिकीय ऊर्जा के खतरों को जनता से छुपाना अपना धर्म समझते हैं। वे मानते हैं कि ऐसा करके वे राष्ट्र के प्रति अपनी वफादारी निभा रहे हैं क्योंकि नाभिकीय ऊर्जा कार्यक्रमों का सीधा सम्बन्ध नाभिकीय शस्त्र क्षमता विकसित करने से भी है। इनमें ए.पी.जे. अब्दुल कलाम जैसे बड़े नाम भी शामिल हैं। यह कैसा विज्ञान है? वैज्ञानिक सोच का मतलब तो होता है तटस्थ होकर तथ्य के आधार पर भूमिका लेना। पूर्वाग्रही सोच को वैज्ञानिक सोच नहीं कहा जा सकता। अगर वैज्ञानिक नौकरशाहों की तरह सोचने लगेंगे, जैसा कि वे भारत में कर रहे हैं, तो अनर्थ हो जाएगा। वैज्ञानिकों को चाहिए कि जनता और सरकार को भी सच बताएं। उन्हें नाभिकीय ऊर्जा के फायदे और नुकसान दोनों सामने रखने चाहिए उसके बाद जनता और सरकार को तय करने दें कि हमें नाभिकीय ऊर्जा के विषय में क्या भूमिका लेनी है।

मुझे लगा कि जो कुछ मैंने प्रिंसटन में लिखा है उसे प्रकाशित करना चाहिए। लखनऊ में यूनिवर्सल बुकसेलर्स के मालिक चन्द्र प्रकाश से जिक्र किया तो उन्होंने वाणी प्रकाशन के अरुण माहेश्वरी से सम्पर्क करा दिया। अरुण जी तुरंत किताब छापने को तैयार हो गए किन्तु हिन्दी में। अब सवाल था हिन्दी अनुवाद कराने का। मैं किसी और से नहीं कराना चाहता था। मैं चूंकि हिन्दी में अखबारों में लिखता ही था मैंने सोचा खुद ही कर लूंगा। किन्तु यह मेरी भूल थी। चार साल गुजर गए एक भी शब्द का अनुवाद नहीं कर पाया। कारण वही भाग-दौड़ की जिन्दगी।

तब तक मेरे मित्र भारतीय पुलिस सेवा के अधिकारी विभूति नारायण राय वर्धा स्थित महात्मा गांधी अंतरराष्ट्रीय विश्वविद्यालय के कुलपति बन चुके थे। उनकी अनुमति से मैंने जून 2011 और जून 2012 में कुछ समय इस विश्वविद्यालय में रह कर अनुवाद के काम को पूरा कर डाला। विश्वविद्यालय की सुविधाएं उपलब्ध कराने के लिए मैं राय साहब का आभारी हूं। विश्वविद्यालय में मेरा परिचय मिथिलेश से हुआ जिनको उनके कार्यालय से विस्थापित कर उनके कम्प्यूटर पर कब्जा कर मैंने अपना काम पूरा किया।

उन जमीनी कार्यकर्ताओं का धन्यवाद दिए बिना भूमिका पूरी नहीं हो सकती जो बड़ी बहादुरी से दुनिया को नाभिकीय मुक्त बनाने के लिए संघर्षरत हैं। इस तरह कई लोगों के सहयोग से यह पुस्तक आपके हाथ में है। आशा है कि यह जमीनी कार्यकर्ताओं, आम नागरिकों, नीति निर्माताओं, राजनीतिज्ञों, नौकरशाहों व वैज्ञानिकों, सभी के लिए उपयोगी होगी।

यह पुस्तक वस्तुतः तीन स्वतंत्र अध्यायों का संकलन है। पहले अध्याय में भारतीय नाभिकीय तंत्र के बारे में तथ्यात्मक जानकारी प्रस्तुत है। दूसरे अध्याय में नाभिकीय विषय से संबंधित प्रचलित भ्रमों का स्पष्टीकरण दिया गया है। तीसरे अध्याय में देश में नाभिकीय विरोधी आंदोलनों का प्रस्तुतिकरण है।

—संदीप

प्रस्तावना

डॉक्टर पाण्डेय (जो हममें से अधिकतर लोगों के लिए संदीप ही हैं) ने भारत के नाभिकीय सत्ता संस्थानों के बारे में जानकारियों का एक बेहतरीन संकलन तैयार किया है। इन जानकारियों की गोपनीयता बनाए रखने के लिए, सत्ता संचालकों द्वारा जो कठोर नियम बनाए गए हैं, उनके कारण यह कोई आसान काम नहीं है। यह पुस्तिका, अतः एक बार पढ़ने के बाद जितनी महत्वपूर्ण दिखती है, उससे कहीं ज्यादा अहमियत रखती है।

साफ तौर पर, यह भारत के नाभिकीय कार्यक्रम से संबंधित सभी चीजों के बारे में श्रमसाध्य शोध का नतीजा है। उनका यह अध्ययन नाभिकीय शस्त्र हासिल करने के दृष्टिकोण में अंतर्निहित ग़लतफहमियों का खुलासा करता है। संदीप उचित तर्कों के आधार पर, एक नाभिकीय शस्त्र संपन्न राष्ट्र के मिथकों को ध्वस्त करते हैं। वे हैसियत, अंतर्राष्ट्रीय स्वीकार्यता, सैन्य शक्ति और परंपरागत हथियारों के ख़र्चों में कटौती जैसे सभी महा-सिद्धांतों की असलियत को उजागर करते हैं।

इस पुस्तक के प्रकाशित होने का इससे अच्छा कोई वक्त नहीं हो सकता जबकि दुनिया, राजनीतिक और आर्थिक, दोनों मोर्चों पर काफी मुश्किल दौर से गुजर रही है। वर्तमान आर्थिक ठहराव ने, संयोग से, सर्वाधिक विकसित राष्ट्रों को प्रभावित किया है और चीन व भारत, दोनों बड़ी अर्थव्यवस्थाओं को अप्रत्यक्ष तौर से मदद दी है। सभी विश्लेषण बताते हैं कि आने वाले दिनों में भारत की न्यूनतम वृद्धि दर लगभग 5 प्रतिशत होगी। इस नए घटनाक्रम ने संयुक्त राज्य अमेरिका के *''गोल्डमैन सैक्स''* द्वारा चीन और भारत दोनों की अर्थव्यवस्थाओं को अमरीका सहित पश्चिम के अन्य देशों के समकक्ष पहुंचने की अनुमानित तिथि को 2050 से संशोधित कर 2025 कर दिया है। इसे, हालांकि, संदेह के साथ स्वीकार किया जाना चाहिए, लेकिन भारत के मठाधीश सिर्फ रक्षा तथा अन्य संबंधित सौदेबाजियों में पैसे खर्च करने में ही खुश होंगे।

एक अन्य काफी दिलचस्प तथ्य अंतर्राष्ट्रीय आतंकवाद तथा इस परिघटना से मुकाबला करने के तौर तरीक़ों के बारे में है। आतंकवाद के नक़्शे में दक्षिण एशिया सभी तरह के आतंकवाद का एक प्रमुख स्रोत माना जाता है। सुरक्षा और सैन्य ख़र्चों

के तत्वों के बारे में बातें करते हुए यह परिणाम एक अन्य आयाम लिए होता है। भारत और पाकिस्तान, दोनों के पास नाभिकीय शस्त्रों और उन्हें "लक्ष्य" तक पहुंचाने के लिए मिसाइलों की एक लंबी-चौड़ी फेहरिस्त है। कोई भी ठीक-ठाक समझ का व्यक्ति इस बात से सहमत होगा कि ये हथियार सुरक्षा के बजाय असुरक्षा में ही बढ़ोतरी करते हैं। पाकिस्तानी नेतृत्व के खंडन के बावजूद, यह डर खुले तौर पर इस दुनिया के विभिन्न हिस्से में गूंजता रहा है कि इन नाभिकीय शस्त्रों में से कुछ हथियार आतंकवादी समूहों के कब्जे में जा सकते हैं। पाकिस्तान में आज के हालात यकीनन चिंताजनक हैं और जब तक ये हथियार मौजूद रहते हैं तब तक हमें अपनी सुरक्षा के पुख़्ता इंतजाम करने की जरूरत है।

दक्षिण एशिया को नाभिकीय मुक्त बनाने की मुहिम हमें पुकार रही है। मेरा मानना है कि कोई नाभिकीय शस्त्र मुक्त क्षेत्र की कल्पना चीन को इस तरह के त्रिपक्षीय व्यवस्था में शामिल किए बगैर अकेले नहीं टिक सकती। जब तक यह संभव नहीं होता, हमें नाभिकीय सुरक्षा से युक्त व्यवस्था निर्मित करने की कोशिश करनी चाहिए, जो कि वैश्विक तंत्र का हिस्सा होगी।

राष्ट्रपति ओबामा की नाभिकीय मुक्त दुनिया को प्रोत्साहित करने की हालिया घोषणाएँ इस उद्देश्य की दिशा में प्राथमिक पहलकदमी हो सकती है। इसकी शुरुआत निम्न बिंदुओं से हो सकती है।

- नाभिकीय शस्त्र संपन्न सभी देशों को "नाभिकीय निष्क्रिय" होना चाहिए।
- सारे राष्ट्रों को 'प्रथमतः इस्तेमाल नहीं' की नीति से सहमत होना चाहिए।
- उपरोक्त कदम बगैर किसी पूर्वाग्रह के नाभिकीय शक्ति में निहित कदाचार के स्तर को कम करेंगे। यह कमोबेश नाभिकीय युद्ध-विराम जैसा होगा।

कहने की जरूरत नहीं है कि यह उद्देश्य अगर एक अंतर्राष्ट्रीय सम्मेलन के जरिए हासिल कर लिया जाता है तो इसे अंतर्राष्ट्रीय परमाणु ऊर्जा अभिकरण या किसी ऐसी ही एजेंसी की सतत निगरानी में रखा जाना चाहिए। इसके बाद नाभिकीय हथियारों की संख्या को शून्य तक ले जाने की दिशा में काम करने में उल्लेखनीय प्रगति की जा सकती है। युद्ध-सामग्रियों और नाभिकीय कचरे को नष्ट करने में काफी पैसे खर्च करने होंगे। अंतर्राष्ट्रीय समुदाय इस उद्देश्य के वास्ते संयुक्त राष्ट्र के अधीन एक वैश्विक कोष का निर्माण कर सकता है।

हालांकि, इस दिशा में सबसे बड़ी चुनौती, नाभिकीय निःशस्त्रीकरण प्रक्रिया की दिशा में राष्ट्रपति ओबामा की पहलकदमी के लिए अंतर्राष्ट्रीय समुदाय के बीच सहमति बनानी होगी।

अब एकाध बात इस खूब बतकही वाले नारे, कि नाभिकीय ऊर्जा "साफ" होती है, के बारे में करनी जरूरी है। यह अक्सर कहा जाता है कि नाभिकीय प्रदूषण रंगविहीन और गंधहीन होते हैं। यह इसे और खतरनाक बनाता है। दुनिया चेर्नोबिल दुर्घटना की गवाह है। इस विनाश से लंदन जैसे अत्याधिक दूरी वाले इलाक़े तक नाभिकीय प्रदूषण

के दायरे में आए हैं। हरेक नाभिकीय रियेक्टर एक नाभिकीय शस्त्र से ज्यादा घातक होता है। हालांकि यह आत्मतुष्टि का एक माहौल निर्मित करता है, जो यकीनन काफी मंहगा साबित हो सकता है। नाभिकीय ऊर्जा लॉबी के पास किसी भी स्वस्थ सलाह को सुनने का समय नहीं है। जबकि सच्चाई यह है कि बड़ा पैसा ही उनके धंधों को सही सलामत जारी रखता है। भारत ने अमरीका के साथ नागरिक नाभिकीय समझौते पर हस्ताक्षर करके इस दिशा में जाते हुए भयानक गलती की है। प्रिंसटन विश्वविद्यालय के डॉ. रमणा और जिया मियाँ ने स्पष्टतः दर्शाया है कि अगर मुंबई जैसे शहर में चेर्नाबिल जैसी घटना घटती है तो इसके क्या परिणाम होंगे? परिस्थितिकीय और पर्यावरणीय विनाश कल्पना से कहीं परे होंगे। हैरतनाक यह है कि दुनिया ऊर्जा के लिए, सूर्य नाम के, सबसे बड़े और सदाबहार नाभिकीय रियेक्टर की संभावनाओं का इस्तेमाल नहीं कर रही है। एक और चिंता यह है कि मानवजाति सारे नाभिकीय कचरे और रिएक्टर्स को उनके इस्तेमाल की समय सीमा ख़त्म होने के बाद-जो कि गिनकर 50 वर्ष है-कहाँ सुरक्षित तौर से दफन करेगी?

जबकि ग्लोबल वार्मिंग़ के दुष्प्रभावों से सभी वाकिफ हैं– कोई भी इन प्रभावों से मुक्त होने के लिए अपनी जीवन शैली में तब्दीली नहीं चाहता! सांत्वना के लिए अंतःकरण शुद्धि के बतौर विकासशील देशों को "कार्बन क्रेडिट" देना वर्तमान में एक अच्छा प्रहसन है और ऊर्जा के एक अन्य वृहद स्रोत – पवन ऊर्जा का अभी भी समुचित इस्तेमाल नहीं हो रहा है।

विचारणीय बिंदु

- क्या समुद्र आधारित पवन ऊर्जा के दोहन की कल्पना की जा सकती है?
- रिवर्स ऑस्मॉसिस से क्या विलवणीकृत पीने लायक पानी प्राप्त किया जा सकता है?
- तारों व खम्भों के बजाए क्या लेसर या ताररहित पारेषण की कल्पना की जा सकती है? क्या समुद्री पानी बिजली का वाहक हो सकता है?

निष्कर्ष

संदीप ने यकीनन हमारी चेतना को सोचने के लिए उत्प्रेरित किया है और हमें नाभिकीय हथियार और नाभिकीय ऊर्जा, उनकी प्रासंगिकता और मनुष्य-जाति के साथ उसके रिश्तों की तह में जाने के लिए मजबूर किया है। अब हम, आशापूर्वक एक सहमति निर्माण कर सकते हैं और एक भरोसे और हुनर के साथ भविष्य में एक सावधान छलांग लगा सकते हैं।

जिनको इस ग्रह के भविष्य की चिंता है उनके लिए यह पुस्तक पढ़ी जानी अनिवार्य है।

एडमिरल रामू रामदास
भूतपूर्व भारतीय नौसेना अध्यक्ष

आमुख

यह सराहनीय नन्ही सी पुस्तिका पाठकों को बेहतरीन वजहें बताती है कि भारत को क्यों नाभिकीय हथियार नहीं रखना चाहिए। लेकिन इसमें दिए तर्क वैश्विक स्तर पर भी लागू होते हैं। पाकिस्तान के संदर्भ में लगभग सारे तथ्य और टिप्पणियाँ हू-ब-हू लागू होते हैं। एक स्वस्थ दुनिया में दोनों देशों को ये खतरनाक हथियार नहीं रखने चाहिए। दुनिया के किसी एक भी देश को नहीं।

हालाँकि, दक्षिण एशिया में नाभिकीय हथियार जल्दी खत्म नहीं होने वाले हैं। क्षेत्रीय महाशक्ति बनने की भारत की आकांक्षाओं में अभी भी पंख लगे हुए हैं और वे उपमहाद्वीप की परमाणु होड़ को संचालित करती हैं, जबकि पाकिस्तान यह सोचते हुए अभी भी बमों की इबादत करने में जुटा हुआ है कि ये इसकी भयंकर मुश्किलों से निकलने की कोई जादू भरी राह बना देगा। विडंबना है कि, हाल के वक्त में अपेक्षाकृत अच्छे संबंधों के बावजूद ये दोनों देश अंधाधुंध तरीकों से नाभिकीय शस्त्र हेतु विघटीय सामग्री बनाए जा रहे हैं। साथ ही, ये अपनी मध्यम दूरी तक मार करने वाले बैलिस्टिक प्रक्षेपास्त्रों का परीक्षण कर रहे हैं, उनकी क्षमता बढ़ा रहे हैं और उनका विस्तार कर रहे हैं। अंतरिक्ष के लिए होड़ अभी-अभी शुरू हुई है।

यह वैसी स्थिति नहीं है जैसा सोचा गया था। भारत और पाकिस्तान में सत्ता समर्थक विश्लेषकों ने, एक दूसरे के साथ एकता का अनोखा प्रदर्शन करते हुए, लंबे समय से नाभिकीय होड़ की धारणा की अनदेखी की है। उनका कहना था कि दक्षिण एशियाई शासक सोवियतों और अमरीकियों जैसे मूर्ख और सनकी नहीं हैं, जिन्होंने अपने झगड़े के चरम पर अकल्पनीय 70,000 नाभिकीय शस्त्र बना लिए थे। शिकागो में 1992 में एक सम्मेलन के दौरान, एक हॉकिश (युध्द पसंद) भारतीय रणनीतिकार के. सुब्रामण्यम मुझ पर बरसे कि *"हथियारों की होड़ एक शीत-युद्धकालीन अवधारणा है जिसकी खोज पश्चिमी ताक़तों ने की है और उपमहाद्वीपीय सोच-समझ के लिए यह पूरी तरह पराई है।"*

न्यूनतम आवश्यक नाभिकीय शस्त्र उन दिनों का मंत्र था। तत्कालीन भारतीय सेना प्रमुख दिवंगत जनरल के. सुंदरजी, नाभिकीय शस्त्रों को दिल से चाहने वाले आदमी थे। लेकिन उनका जोर यह भी था कि कुछेक नाभिकीय शस्त्र ही पर्याप्त

होंगे। भारत को सिर्फ हिरोशिमा जैसे किसी शहर को ध्वस्त करने की ताकत वाले एक दर्जन के आसपास शस्त्रों की ही जरूरत है और पाकिस्तान को भी इतने की ही जरूरत है। 1995 में एक मुलाकात के दौरान, जब मैंने उन्हें अपना परिचय बतौर एक पाकिस्तानी नाभिकीय भौतिकशास्त्री दिया, तो उनकी आँखें चमक उठीं। उन्होंने गर्मजोशी से मुझे गले लगाया और बोले कि खुशहाल पाकिस्तान को नाभिकीय शस्त्रों से जरूर लैस होना चाहिए। मुझे उनसे ये कहने का साहस नहीं हुआ कि मैं सारे नाभिकीय शस्त्रों को दफन कर देना चाहता हूँ। किसी को हैरानी हो सकती है कि सुंदरजी अगर यह जानते कि रणनीतिक नाभिकीय-युद्ध, जिसे वे आपराधिक विस्तार की क्षमता वाला मानते थे, वर्तमान भारत और पाकिस्तान के सैन्य-सिद्धांत का हिस्सा हैं और दोनों के शस्त्रागार लगातार बड़े हो रहे हैं तो वे दुखी होते।

विस्तार एक तथ्य है, लेकिन मैं नाभिकीय-विरोधी उन कार्यकर्ताओं का खण्डन करता हूँ, जो तर्क देते हैं कि नाभिकीय शस्त्र खर्चीले हैं और भारत व पाकिस्तान जैसे मुफलिस देशों को उन्हें नहीं रखना चाहिए। यह हो सकता है। हालाँकि, नाभिकीय शस्त्रों के विकसित होने से जो सबसे गंभीर क्षति हो रही है वो मनोवैज्ञानिक और राजनीतिक है, न कि भौतिक। एक बटन को छूकर हजारों लोगों को मौत की नींद सुला देने की ताक़त ने देश या संस्थानों द्वारा अख्तियार किए जाने वाले तौर तरीक़ों को गहरे रूप से प्रभावित किया है। मई 1998 में परमाणु परीक्षणों की चिरस्थायी और हानिकर परंपरा, असल में, हिंसा का आधिकारिक उत्सव, और भारी पैमांने पर, नरसंहार करने की ताक़त से लैस होने पर सार्वजनिक खुशी का इजहार थी। नाभिकीय परीक्षणों ने राष्ट्रीय मानस को बदल कर रख दिया। सबसे महत्वपूर्ण यह कि इसने हमारे सैन्य और राजनीतिक नेतृत्व के सोचने, बोलने और व्यवहार करने के तौर-तरीक़ों को बदल दिया।

पाकिस्तान में – जो कि नाभिकीय परीक्षण में भारत के राह-ओ-क़दम पर चलता है, बम जल्द ही एक अद्‌भुत तावीज में तब्दील हो गए, जो सभी तरह की बुराइयों का सफाया करने वाली थी। सेना के लोगों के लिए पाकिस्तानी परमाणु बम भारतीय परमाणु बमों का सिर्फ प्रतिपक्ष ही नहीं थे, बल्कि वे भारत के विशाल परंपरागत सतह, वायु और समुद्री ताक़तों को निष्क्रिय करने का साधन भी थे। कूटनीतिज्ञों और राजनेताओं के लिए, बम, गारंटी देने का नायाब माध्यम थे कि दुनिया भारत को वार्ता के लिए राजी करेगी। सफलता में चूर, पाकिस्तानी नेतृत्व ने उन सारी चीजों को आजमाया जो, उनकी नजर में, भारत से भिड़ने की बेहतरीन रणनीति थी जैसे– पाकिस्तानी नाभिकीय शस्त्रों द्वारा प्रदत्त सुरक्षा के कवच में इस्लामी लड़ाकुओं द्वारा गोपनीय जेहाद। इसी ने कारगिल विनाश की ओर धकेला।

यह पुस्तिका यह बताती है कि नाभिकीय ताक़तें क्यों, दक्षिण एशिया के लिए कुछ नहीं, बल्कि सिर्फ एक भ्रम हैं। हालाँकि ग्लोबल वार्मिंग के युग में नाभिकीय

शक्ति को ऊर्जा समस्याओं के एक अचूक नुस्ख़े की तरह पुनर्विज्ञापित किया जा रहा है, जबकि ये, बगैर किसी संतोषजनक समाधान के, समस्याओं की चकरघिन्नी है। नाभिकीय बिजली (अगर कोई एक ईमानदार मूल्यांकन करे तो) अन्य वैकल्पिक माध्यमों से कहीं ज्यादा मँहगी साबित होती है, यूरेनियम की कीमत तेल के अनुपात में बढ़ती है, और इसका इस्तेमाल किया हुआ ईंधन भूगर्भीय समय में दफन कर देने के बाद भी खतरनाक बना रहता है।

दक्षिण एशिया में उससे कहीं ज्यादा संगीन समस्या है जिसके बारे में सिर्फ कुछ ही लोग सोचने की मंशा रखते हैं, वह है सुरक्षा। जनसंख्या संकेंद्रण के इलाकों में रियेक्टर्स की मौजूदगी किसी अहाते में परमाणु बम के जमावड़े से कहीं ज्यादा भयानक हो सकती है। जबकि रियेक्टर किसी बम जैसा धमाका नहीं करता, फिर भी यहाँ तक कि 200 मेगावॉट का मामूली सा रियेक्टर भी, एक साल के इस्तेमाल के बाद, अब तक के सारे नाभिकीय शस्त्रों के परीक्षणों से पैदा किए गए विकिरण से कहीं ज्यादा सीज़ियम, स्ट्रॉनशियम और आयोडिन पैदा करता है। अगर संग्राहक तसलों (वेसल्स) में कही से छेद हो जाता है, या ये कहीं से चटक जाएँ तो इन विनाशक/भयंकर चीजों का रिसाव हो सकता है। शीतल करने वाले यंत्रों के नष्ट होने पर चर्नोबिल जैसी गंभीरतम दुर्घटना का दुःस्वप्न सारे ही परमाणु संयंत्रों के सामने मुंह बाए खड़ी है। इसलिए किसी को भी परमाणु संयंत्रों का निर्माण, अगर करना ही है तो, आबादी वाले इलाक़ों में करने से परहेज करना चाहिए।

रियेक्टर से तबाही पैदा करना आसान नहीं है, लेकिन यह कोई मुश्किल भी नहीं है। एक तेज गति का हवाई जहाज या बख़्तर को भेदने वाला प्रक्षेपास्त्र रियेक्टर को भेद सकता है। रेडियोधर्मी गैसों और बारीक़ टुकड़ों के गुच्छे तब हवा द्वारा फैल जाएँगे, जिससे रेडियोधर्मी तत्व सांस और भोज्य-पदार्थों के जरिए फेफड़े और पेट में पहुँच जाएँगे। करांची और बंबई जैसे शहर, ख़ासतौर से खतरे में हैं, जहाँ हवाएँ समुद्र से धरातल की ओर बहती हैं। विकसित देशों के शहरों में विभिन्न तरह के नाभिकीय आपातकाल से निपटने के लिए शहर को खाली कराने की योजनाएँ हैं। लेकिन हमारे उपमहाद्वीप के बड़े शहरों में यह साधारणतया संभव नहीं है। यहाँ भयंकर नुकसान होंगे। अधिकारियों के पास नाभिकीय विनाश से निपटने का कोई तरीक़ा नहीं है। यहाँ तक कि सामान्य प्राकृतिक आपदाएँ, जैसे भूकंप और बाढ़, ही उन्हें पूरी तरह से नंगा कर देती हैं।

यह जानकर कि नाभिकीय ऊर्जा में स्वभावतः ख़तरे निहित हैं, निम्न सवाल पूछना हर जगह के जागरूक नागरिकों का एक अधिकार है। नाभिकीय कचरे और रसायनों को नष्ट करने के लिए वर्तमान में कोई व्यवस्था है क्या? उपयोग हो चुकी ईंधन छड़ों को कैसे नष्ट किया जाता है? कोई कचरे के उपचार हेतु संयंत्र अस्तित्व में है क्या? कौन सी आपदा प्रबंधन योजनाएँ अस्तित्व में हैं?

पाकिस्तान में, जहाँ नाभिकीय-विरोधी आंदोलन छोटे पैमाने पर है, हम इनके जवाब हासिल करने में कम ही ख़ुशक़िस्मत रहे हैं। पाकिस्तान परमाणु ऊर्जा आयोग (पीएईसी) और पाकिस्तान परमाणु नियामक प्राधिकरण (पीएनआरए) गोपनीयता के बहाने सचमुच कोई सूचना जारी नहीं करते। पाकिंस्तान परमाणु नियामक प्राधिकरण को सुरक्षा मुद्दों की देखभाल करना होता है लेकिन यह महज आश्वासन ही देती है, तथ्य नहीं। कोई स्वतंत्र निगरानी संस्था नहीं है। हम साधारणतया नहीं जानते कि अधिकारीगण रियेक्टर कचरे को कहाँ फेंकते हैं। या नाभिकीय खनन के समय क्या कुछ होता है? वास्तव में, पीएईसी और पीएनआरए उनकी गतिविधियों के बारे में शिकायत करने वाले लोगों का दमन करने के लिए किसी भी स्तर पर चले जाते हैं। मिसाल के लिए, डेरा गाजी ख़ाँ के करीब बाघलचूर गाँव के सहमे और दरिद्रतम निवासी साहस जुटाते हुए शिकायत लेकर उच्चतम न्यायालय गए कि उनके इलाक़े में फेंके गए नाभिकीय कचरे ने पर्यावरण को गंदा कर दिया है और इंसानों तथा पशुओं, दोनों के स्वास्थ्य को बुरी तरह प्रभावित किया है। वे इंसाफ हासिल करने में असमर्थ रहे और ख़ामोश कर दिए गए। अधिकारियों की ताक़त बहुत भारी थी।

भारत में, हमें अनगिनत जमीनी संगठनकर्ताओं, संदीप पांडेय जिनमें से एक प्रशंसनीय मिसाल हैं, की समर्पित कोशिशों के लिए उन्हें शुक्रिया अदा करना चाहिए जिनके कारण यूरेनियम और थोरियम के खनन से विस्थापित लोगों के अधिकारों की रक्षा करने में अपेक्षाकृत ज्यादा सफलता मिली है। इस किताब में नाभिकीय पीड़ितों के स्वास्थ्य अधिकारों की रक्षा में लगे स्वतंत्र संगठनों की एक लंबी सूची देखना राहत भरा है। अफसोसनाक है कि कुछ भारतीय वामपंथियों ने नाभिकीय के मामलों में एक ढुलमुल और संदेहास्पद रवैया अख्तियार किया है। खुशकिस्मती से, एक प्रभावी हिस्से ने सिद्धांत के धरातल पर खड़े होकर नाभिकीय शस्त्रों की मुख़ालफत की है।

नाभिकीय शस्त्रों का विरोध कर रहे पाकिस्तानी अपने भारतीय साथियों द्वारा अमेरिका भारत नाभिकीय क़रार का जबर्दस्त प्रतिरोध देख चकित और प्रसन्न हुए हैं। यह समझौता अप्रसार विनाश का आमंत्रण है और क्षेत्रीय स्थिरता को गहरे तौर पर धक्का पहुंचा रहा है। भारतीय विपक्ष (2007 के समय यूपीए की पहली सरकार को बाहर से समर्थन दे रहे वामपंथी) ने अन्य चीजों के साथ अमरीका के पिछलगू बनने से इंकार करने और उसके नुक़सानदेह प्रभावों को पहचानने की इच्छाशक्ति का मुजाहिरा किया है। अब भारत अमरीका का कनिष्ठ सैन्य सहयोगी बन चुका है। भारत और पाकिस्तान, खासतौर से पाकिस्तान, ने अमरीका के रणनीतिक भागीदार होने की भारी कीमत अदा की है।

निष्कर्षतः, भारी-भरकम भू-राजनीतिक खिलवाड़ करने के बजाय, उपमहाद्वीप के नेताओं को मुफलिसी और महरूमियत की भयंकर परेशानियों को सुलझाना चाहिए जो हमारी आबादी को हलकान किए हुए हैं। नाभिकीय शस्त्र राजनीतिक समस्याओं को सुलझाते नहीं, बल्कि ऐवज में वे समस्याओं के स्रोत होते हैं। यह एक झूठ है कि वे राष्ट्र को महान और ताक़तवर, या यहाँ तक कि सुरक्षित भी, बनाते हैं। इससे भी अधिक, वर्तमान में ये, या तो अपनी निर्मिति से ही या फिर किसी दुर्घटना से, भयंकर विनाश के कारण बन सकते हैं। इस समझदारी को फैलाना, और बदलाव को संभव बनाना, समूची दुनिया के शांति कार्यकर्ताओं का एक मौलिक कार्यभार है। यह किताब, इस उद्देश्य को हासिल करने की दिशा में यकीनन एक बेशकीमती जरिया होगी।

–परवेज़ हुडभॉय

डॉ. परवेज़ हुडभॉय इस्लामाबाद के क़ायदे आजम विश्वविद्यालय में भौतिकी शास्त्र विभाग के अध्यक्ष रहे हैं और उन्होंने मैसाचुसेट्स इंस्टीट्यूट ऑफ टेक्नालॉजी से परमाणु भौतिकी में पीएचडी. की है।

अनुक्रम

भारतीय नाभिकीय तंत्र

भूमिका

भारतीय नाभिकीय तंत्र, जिसमें ऊर्जा व शस्त्र दोनों शामिल हैं, के बारे में काफी गोपनीयता व भ्रम की स्थिति बनी रही है। सूचना के अभाव में जानकार सार्वजनिक बहस सीमित रही है।

यह एक प्रयास है कि संकलित जानकारी के आधार पर भारतीय नाभिकीय तंत्र के स्वरूप, गतिविधियों व प्रभाव पर जानकार बहस में योगदान हो सके। यह नीति निर्माताओं, शोधकर्ताओं व कार्यकर्ताओं के लिए उपयोगी होगा। नाभिकीय ऊर्जा व शस्त्रों से मुक्ति का मार्ग प्रशस्त करने में भी यह मददगार हो सकता है।

भविष्य में इस पर विचार होगा कि नाभिकीय तंत्र को बंद करने में, सीमित रूप से शस्त्रों को समाप्त करने में, और व्यापक अर्थों में सम्पूर्ण तंत्र जिसमें ऊर्जा कार्यक्रम भी शामिल है, क्या कदम उठाने पड़ेंगे?

1. यूरेनियम खनन व मिलिंग

नाभिकीय शस्त्र व ऊर्जा उत्पादन हेतु ईंधन चक्र के प्रथम चरण में यूरेनियम का खनन होता है। दुनिया भर में पाए जाने वाले यूरेनियम अयस्क में यूरेनियम की मात्रा लगभग 0.1 प्रतिशत है (बेनेडिक्ट, पिगफोर्ड व लेवी, 1981)। यूरेनियम अयस्क से परिष्कृत यूरेनियम का उत्पादन करने के चरण हैं सुदृढ़ीकरण, शुद्धीकरण व वांछित रसायनिक स्वरूप में परिवर्तन। यातायात का खर्च कम रखने हेतु, चूंकि अधिकांश अयस्क में यूरेनियम की मात्रा नगण्य होती है, खनन के नजदीक ही मिल में सुदृढ़ीकरण की प्रक्रिया से अयस्क में यूरेनियम ऑक्साइड की मात्रा एक प्रतिशत के दसवें हिस्से से बढ़ा कर 85-95 प्रतिशत की जाती है। मिलिंग प्रक्रिया में क्रशिंग, ग्राईंडिंग व लीचिंग चरण शामिल हैं। मिलिंग से हमें U_3O_8 'यलो केक' प्राप्त होता है।

अम्लीय लीचिंग व घोल में से निकाल कर U_3O_8 के रूप में यूरेनियम का उत्पादन होता है (वर्ल्ड न्यूक्लीयर इण्डस्ट्री हैण्डबुक, 1995)। ढेर पर अम्लीय लीचिंग

से 97 प्रतिशत यूरेनियम निकल आता है (बेनेडिक्ट, पिगफोर्ड व लेवी, 1981, पृष्ठ 261)। इस प्रक्रिया से निकलने वाले यलो केक में 96-97 प्रतिशत U_3O_8 होता है।

सुदृढ़ीकरण के बाद भी यूरेनियम से भिन्न कुछ तत्व तथा अयस्क में मौजूद यूरेनियम के रेडियोधर्मी उत्पाद, जैसे रेडियम व रेडॉन, रह जाते हैं। यूरेनियम मिल से कचरे के रूप में निकलने वाले प्रमुख रेडियोधर्मी पदार्थ हैं (क) हवा के साथ रेडॉन गैस (Rn-222) और यूरेनियम, थोरियम, लेड, पोलोनियम, बिसमथ, आदि, के रेडियोधर्मी धूल के कण, (ख) तरल कचरे में पानी में घुलनशील रेडियोन्यूक्लीआइड, व (ग) मिल टेलिंग (कचरा) में ठोस कचरा। वर्तमान मिलों में तरल रेडियोधर्मी कचरा मिल टेलिंग के साथ ही भण्डारण ताल में रखा जाता है जहां से उसका वाष्पीकरण हो जाता है।

भारत में यूरेनियम खनन का काम यूरेनियम कॉर्पोरेशन ऑफ इण्डिया लिमिटेड (यू.सी.आई.एल.) करती है। यह कम्पनी पांच भूमिगत खदानों जादूगोड़ा, भाटिन, नरवापहाड़, तुरमडीह व बगजाता, एक खुली खदान बांडुहुरांग तथा जादूगोड़ा व तुरमडीह में दो अयस्क प्रसंस्करण संयंत्रों का संचालन कर रही है। जादूगोड़ा में सबसे पहले खनन 1967 में शुरू हुआ और बगजाता में सबसे हाल में 2008 में। मोहुलडीह में भी खनन की तैयारियां चल रही हैं। इनके अलावा मेघालय के पश्चिमी खासी हिल्स जिले के मावथाबाह में काफी लम्बे समय से तथा वर्तमान में आंध्र प्रदेश में कडप्पा जिले के तुम्मालापल्ली, नलगोंडा जिले के लम्बापुर-पेड्डागट्टू व महबूबनगर जिले में भी खनन की सम्भावनाएं तलाशी जा रही हैं।

खदानें

क. जादूगोड़ा, जिला पूर्वी सिंहभूम, झारखण्ड

इस खदान की क्षमता 1000 मिट्रिक टन प्रति दिन है (परमाणु ऊर्जा विभाग की वेबसाइट से, हालांकि इण्डियन बिजनेस इनसाइट, 1999, के मुताबिक यह 750 मिट्रिक टन ही है)। खदान की ऊपरी सतहें खाली हो चुकी हैं तथा और गहरे से अयस्क निकालने के लिए तीसरे चरण पर शाफ्ट को धंसाने का काम किया गया है (परमाणु ऊर्जा विभाग, 2000-01)।

ख. नरवापहाड़, जिला पूर्वी सिंहभूम, झारखण्ड

इस खदान की क्षमता 1000 मिट्रिक टन प्रति दिन है (परमाणु ऊर्जा विभाग की वेबसाइट से, हालांकि इण्डियन बिजनेस इनसाइट, 1999, के मुताबिक यह 650 मिट्रिक टन ही है)।

ग. भाटिन, जिला पूर्वी सिंहभूम, झारखण्ड

इस खदान की क्षमता 150 मिट्रिक टन प्रति दिन है (इण्डियन बिजनेस इनसाइट, 1999)।

घ. तुरमडीह, जिला पूर्वी सिंहभूम, झारखण्ड

यहां पर दो खदानें हैं जिनकी संयुक्त क्षमता 350 मिट्रिक टन प्रति दिन है (पैट्रोनोबिश, 2006)।

च. बगजाता, जिला पूर्वी सिंहभूम, झारखण्ड

यह सबसे हाल में 2008 में शुरू हुई खदान है।

छ. बांडुहुरांग, जिला पूर्वी सिंहभूम, झारखण्ड

उपर्युक्त खदानों से अलग यह खुली (ओपेन कास्ट) खदान है जो 2007 में शुरू की गई।

जादूगोड़ा व आस-पास जहां तीस वर्ष पहले जब खनन शुरू हुआ था जो यूरेनियम का प्रतिशत 0.067 हुआ करता था वह अब 0.03 प्रतिशत रह गया है (कर्मचारियों से व्यक्तिगत बातचीत में, 2000)।

ज. कॉपर टेलिंग संयंत्र से यूरेनियम खनिज निकालना, मूसाबनी, सूर्दा व राखा, जिला पूर्वी सिंहभूम, झारखण्ड

हिन्दुस्तान कॉपर लिमिटेड के कॉपर सुदृढ़ीकरण संयंत्र के टेलिंग से यूरेनियम निकाला जाता रहा है। किन्तु जैसे कॉपर खनन का पैमाना घटाया गया है, वर्तमान में टेलिंग से यूरेनियम निकालने का काम स्थगित है (यूरेनियम 2005)।

यूरेनियम मिल

क. अयस्क प्रसंस्करण संयंत्र, जादूगोड़ा, पूर्वी सिंहभूम जिला, झारखण्ड

यहां सुदृढ़ीकृत यूरेनियम का उत्पादन होता है। प्रसंस्करण के तीन चरण क्रशिंग, ग्राईडिंग व लीचिंग अयस्क को सुदृढ़ीकृत यूरेनियम ऑक्साइड (मैग्नीशियम डाईयूरेनेट) या यलो केक में परिवर्तित करते हैं। इस संयंत्र की क्षमता 2100 टन अयस्क प्रति दिन है (यूरेनियम 2005)।

ख. अयस्क प्रसंस्करण संयंत्र, तुरमडीह, पूर्वी सिंहभूम जिला, झारखण्ड

तुरमडीह व बांडुहुरांग खदानों के अयस्क का प्रसंस्करण यहां होता है। जादूगोड़ा की तुलना में यह काफी आधुनिक है।

1990 से 1997 तक भारत में यूरेनियम उत्पादन के आंकड़े निम्न प्रकार से रहे हैं।

तालिका 1: भारत में वार्षिक यूरेनियम उत्पादन, टन में (सोर्सेज एण्ड इफैक्ट्स ऑफ आयोनाइजिंग रेडिएशेन, 2000)

1990	1991	1992	1993	1994	1995	1996	1997
(230)	(200)	150	148	155	(155)	(200)	(200)

नोटः कोष्ठक में दिए गए आंकड़े अनुमानित हैं।

चूंकि खदानें अपनी पूरी क्षमता पर काम नहीं कर रही हैं (परमाणु ऊर्जा विभाग, 1995-96) हम यह मान सकते हैं कि यूरेनियम अयस्क खनन की मात्रा 1550 टन प्रति दिन है। अयस्क में यूरेनियम ऑक्साइड का प्रतिशत 0.067 तथा सुदृढ़ीकृत यूरेनियम में 90 मानकर यूरेनियम का वार्षिक उत्पादन 421 टन निकलता है जबकि अयस्क में यूरेनियम 0.03 प्रतिशत मानकर उत्पादन 189 टन निकलता है जो तालिका 1 में दी गई वास्तविकता के ज्यादा नजदीक है। अतः ऐसा प्रतीत होता है कि काफी समय से अयस्क में यूरेनियम ऑक्साइड की मात्रा 0.03 प्रतिशत ही रह गई है। हम इसी को सही मानकर चलेंगे हलांकि यह अनुमान शायद वास्तविकता से कम है। यदि हम परिशिष्ट 1 की तालिका 1 में '80 के दशक के आंकड़े देखें तो पाएंगे कि यूरेनियम का वार्षिक उपादन हमारे अनुमान से कम ही रहा है। इसलिए सम्भवतः हमारा आंकड़ा वास्तविकता से ज्यादा होगा। यदि 30 साल के खनन का इतिहास लें तो अभी तक का कुल यूरेनियम उत्पादन 5670 टन रहा होगा।

खनन व मिलिंग से अयस्क के साथ धरती के अंदर अपेक्षाकृत सुरक्षित ढंग से दबे खतरनाक तत्वों की बाहर आकर पर्यावरण में बिखरने की आशंका रहती है।

जादूगोड़ा का टेलिंग ताल मानव आबादी के बहुत निकट है और इंसान या मवेशी को इससे दूर रखने के लिए कोई तारबंदी भी नहीं है। मिल टेलिंग में खतरनाक तत्व जैसे मौलिब्डेनम, आरसेनिक व वैनेडियम तथा रेडियोधर्मी तत्व मुख्यतः थोरियम-230 व रेडियम-226 मौजूद रहते हैं। रेडियम-226 का रेडॉन गैस में विघटन हो जाता है। रेडॉन-222 के विघटन से टेलिंग से निकलने वाले तत्व फेफड़े के कैंसर का कारण बन सकते हैं। रेडॉन-222 की अर्द्ध-आयु 3.8 दिवस होती है। यह छोटी लग सकती है किन्तु रेडियम-226, जिसकी अर्द्ध-आयु 1600 वर्ष है, के विघटन से रेडॉन के लगातार निकलते रहने से रेडॉन लम्बे समय तक खतरा बना रह सकता है। इसके अलावा रेडियम-226 के स्रोत थोरियम-230, जिसकी अर्द्ध-आयु 80,000 वर्ष है, की मौजूदगी से रेडियम-226 का लगातार उत्पादन होता रहेगा। रेडॉन की रेडियोधर्मिता के प्रभाव को कम होने में दस लाख वर्ष लगेंगे (डिएहूल)।

मिल कचरे एवं खनन से बची हुई सामग्री का इस्तेमाल ठेकेदारों व लोगों ने सड़क, घर व सार्वजनिक भवन, जैसे, विद्यालय बनाने में किया है (गाडेकर, सुरेन्द्र व संघमित्रा, 2000)। इन भवनों में रहने वाले या इनका उपयोग करने वाले लोग गामा विकिरण व रेडॉन से प्रभावित होते हैं। मिल कचरे से भूमिगत व सतह के जल में रेडियम-226 व आरसेनिक जैसे अन्य खतरनाक पदार्थ घुल जाने से पीने का पानी व मछली प्रभावित हुए हैं।

खनन व मिलिंग से हवा में रेडॉन उत्सर्जन की मात्रा 300 गीगा बेक्वेरल प्रति टन एवं 13 गीगा बेक्वेरल प्रति टन है (सोर्सेज एण्ड इफैक्ट्स ऑफ आयोनाइजिंग रेडिएशन, 2000)। यदि हम यूरेनियम का वार्षिक उत्पादन 190 टन मानें तो खनन

व मिलिंग से उत्सर्जन 57 टेरा बेक्वेरल एवं 2.47 टेरा बेक्वेरल होगा। विकिरण का ग्राह्य गुणांक 0.0025 व्यक्ति सीवर्ट प्रति टेरा बेक्वेरल (सोर्सेज एण्ड इफैक्ट्स ऑफ आयोनाइजिंग रेडिएशेन, 2000) लेते हुए खनन व मिलिंग से कुल वार्षिक ग्रहित विकिरण 0.14 व्यक्ति सीवर्ट एवं 0.006 सीवर्ट व्यक्ति होगा। परिशिष्ट 1 की तालिका 1 व 2 में दिए गए आंकड़ों से तुलना करने पर मालूम होता है कि भारत में कुल ग्रहित विकिरण की मात्रा काफी अधिक है।

1986 में यू.सी.आई.एल. के 42 प्रतिशत कर्मचारियों ने इण्टरनेशनल कमीशन ऑन रेडियोलॉजिकल प्रोटेक्शन (आई.सी.आर.पी.) के प्रस्तावित मानक 20 मिली सीवर्ट प्रति वर्ष से ज्यादा विकिरण ग्रहित किया तथा 6 प्रतिशत ने 35 मिली सीवर्ट प्रति वर्ष से भी ज्यादा विकिरण ग्रहित किया (सोनावणे, 1992)।

यू.सी.आई.एल. ने विकिरण की वजह से स्वास्थ्य पर पड़ने वाले प्रभावों को नकारा है। सामान्य तौर पर फेफड़े के रोगों को क्षयरोग बता दिया जाता है। स्वतंत्र सर्वेक्षण से काफी अधिक मात्रा में जन्मजात बीमारियों व कैंसर का पता चला है (गाडेकर, श्रीकुमार व गाडेकर)।

कुल यूरेनियम उत्पादन 5670 टन मानते हुए, तथा यह मानते हुए कि अयस्क में 0.03 प्रतिशत यूरेनियम ऑक्साइड है और सुदृढ़ीकृत यूरेनियम में 90 प्रतिशत है, अभी तक कुल 170 लाख टन अयस्क का खनन हुआ होगा। प्रसंस्करण में इस्तेमाल की गई सामग्री जो कुल कचरे में 11 प्रतिशत का योगदान करती है, को मिला कर अभी तक खनन व मिलिंग से कुल 190 लाख टन कचरा निकला होगा (रमणा, थॉमस व वारूघीस)।

2. ईंधन निर्माण

सुदृढ़ीकरण व शुद्धीकरण के बाद सुदृढ़ीकृत यूरेनियम (यलो केक) को UO_2 में परिवर्तित किया जाता है जिसका प्रेशराइज्ड हेवी वॉटर रिएक्टर में ईंधन के रूप में, यूरेनियम धातु के रूप में या UF_6 का संवर्द्धन के लिए सीधा इस्तेमाल किया जा सकता है। परिवर्तन के दौरान हम मान कर चलते हैं कि 95 प्रतिशत सुदृढ़ीकृत का मूल यूरेनियम UF_6 में परिवर्तित हो जाता है।

नभिकीय ईंधन कॉम्पलेक्स, हैदराबाद

ब्वॉयलिंग वॉटर रिएक्टर तथा प्रेशराइज्ड हेवी वॉटर रिएक्टर, दोनों किस्म के नाभिकीय संयंत्रों के लिए ईंधन बण्डलों का यहां निर्माण होता है। कच्ची सामग्री मैग्नीशियम डाईयूरेनेट व जिरकॉन बालू से यूरेनियम ऑक्साइड ईंधन व जिरकोनियम मिश्र धातु का निर्माण होता है।

इस संयंत्र में नाभिकीय संयंत्र हेतु शीतलक व कैलेण्ड्रिया ट्यूब के निर्माण की

भी सुविधा है। जोड़ रहित स्टेनलेस स्टील ट्यूब का भी निर्माण यहां होता है।

प्रेशराइज्ड हेवी वॉटर रिएक्टर में इस्तेमाल हेतु इस संयंत्र से 2,00,000 जिरकोनियम मिश्र धातु से ढके नैसर्गिक यूरेनियम ऑक्साइड ईंधन बण्डलों का निर्माण हो चुका है (परमाणु ऊर्जा विभाग, 2000-01)। हरेक ईंधन बण्डल में 19 ईंधन अव्यव होते हैं और 15 किलोग्राम उच्च घनत्व के यूरेनियम ऑक्साइड के छर्रे होते हैं जिनकी 6,40,000 किलो वॉट आवर बिजली पैदा करने की क्षमता होती है। एक 220 मेगा वॉट इलेक्ट्रिक ईकाई के प्रेशराइज्ड हेवी वॉटर रिएक्टर में अनुमानित 3672 ईंधन बण्डलों का इस्तेमाल होता है (द हिन्दू, 2000)। पहले 50,000 ईंधन बण्डलों के निर्माण में 15 वर्ष लगे (अक्टूबर 1988 तक) और अगले 50,000 बण्डलों का निर्माण अगले छह वर्षों में हुआ (जनवरी 1994)। उत्पादन के समय में और कमी आई और चार वर्षों में अगले 50,000 बण्डलों का निर्माण हुआ (अगस्त 1998) और आखिरी 50,000 बण्डल बनाने में सिर्फ दो वर्ष लगे (अगस्त 2000)। इसका मतलब हुआ कि भारत के पास वर्तमान में 25,000 ईंधन बण्डल प्रति वर्ष बनाने की क्षमता है।

यह संयंत्र आंशिक रूप से अंतर्राष्ट्रीय परमाणु ऊर्जा अभिकरण के संरक्षण के दायरे में है। नाभिकीय ईंधन कॉम्पलेक्स, हैदराबाद, में स्थित विभिन्न संयंत्र परिशिष्ट 2 में दिए गए हैं।

यदि सितम्बर 2000 तक कुल 2,00,000 जिरकोनियम मिश्र धातु से ढके नैसर्गिक यूरेनियम ऑक्साइड ईंधन बण्डलों का निर्माण हुआ हो, जिसमें प्रत्येक में 15 किलोग्राम उच्च घनत्व का UO_2 हो, तो कुल 3000 टन यूरेनियम ऑक्साइड का इस्तेमाल हुआ होगा। यदि हम मानें कि परिवर्तन व ईंधन निर्माण में 0.5 प्रतिशत यूरेनियम का नुकसान हुआ होगा तो करीब 3035 टन यूरेनियम ऑक्साइड का इस्तेमाल हुआ होगा।

यदि यह माना जाए कि प्रति टन यूरेनियम के इस्तेमाल पर 0.7 घन मीटर निम्न स्तर का कचरा निकलता है (बोल्टन, 1978) तो ईंधन निर्माण प्रक्रिया में कुल 2125 घन मीटर कचरा निकला होगा।

उच्च श्रेणी ईंधन निर्माण सुविधा, तारापुर

तारापुर परमाणु बिजली संयंत्र में मिश्रित यूरेनियम-प्लूटोनियम ऑक्साइड (MOX) ईंधन का निर्माण होता है। जब यहां अंतर्राष्ट्रीय परमाणु ऊर्जा अभिकरण के संरक्षण वाला ईंधन उपस्थित होता है तो इस संयंत्र पर संरक्षण लागू होता है।

3. संवर्द्धन

नाभिक्रीय शस्त्र व कई किस्म के नाभिकीय संयंत्रों में ईंधन हेतु यूरेनियम-238

की तुलना में यूरेनियम-235 को सुदृढ़ीकृत करना पड़ता है। इस प्रक्रिया को संवर्द्धन कहते हैं। प्राकृतिक यूरेनियम में 0.7 प्रतिशत यूरेनियम-235 होता है। इस स्तर से 20 प्रतिशत यूरेनियम-235 तक संवर्द्धन को निम्न संवर्द्धित यूरेनियम कहा जाता है जबकि 20 प्रतिशत से अधिक यूरेनियम-235 की मात्रा होने पर उसे उच्च संवर्द्धित यूरेनियम कहा जाता है। 90 प्रतिशत से अधिक यूरेनियम-235 होने पर उसे 'शस्त्र योग्य यूरेनियम' कहा जाता है। यूरेनियम संवर्द्धन यूरेनियम आइसोटोप अलगाव सुविधा में होता है।

हालांकि भारत ने अपने नाभिकीय शस्त्र प्लूटोनियम से बनाए हैं उसके पास एक छोटा यूरेनियम संवर्द्धन कार्यक्रम भी है।

यूरेनियम परिवर्तन संयंत्र, ट्रॉम्बे, मुम्बई

यूरेनियम का UF_6 में परिवर्तन यहां होता है। पूर्णिमा-2 शोध रिएक्टर के लिए एक छोटी प्लूटोनियम ईंधन निर्माण सुविधा है जिसका फास्ट ब्रीडर परीक्षण रिएक्टर के लिए ईंधन हेतु विस्तार किया गया है।

सेण्ट्रीफ्यूज संवर्द्धन

क. ट्रॉम्बे

1985 से चालू यह एक प्रयोग स्तर का अल्ट्रासेण्ट्रीफ्यूज संयंत्र है।

ख. ट्रॉम्बे

'80 के दशक के प्रारम्भ से शुरू यह एक लेसर संवर्द्धन शोध केन्द्र है।

ग. दुर्लभ पदार्थ प्रकल्प, रातेहल्ली, मैसूर, कर्नाटक

प्रयोग स्तर का अल्ट्रासेण्ट्रीफ्यूज संयंत्र 1990 से चालू है। नाभिकीय पनडुब्बी रिएक्टर के लिए थोड़ी मात्रा में 30-45 प्रतिशत उच्च संवर्द्धित यूरेनियम-235 ईंधन का उत्पादन कुछ सैकड़े सबक्रिटिकल सेण्ट्रीफ्यूज रोटर एसेम्बली, जिनकी उत्पादन क्षमता 3 SWU प्रति वर्ष प्रति मशीन के अंदर है, से होता है। इस सुविधा का इस्तेमाल शस्त्र योग्य विघटीय सामग्री बनाने के लिए भी हुआ हो सकता है (द हिन्दू, 2001)।

यदि यह माना जाए कि यहां 40 प्रतिशत संवर्द्धित यूरेनियम का उत्पादन हो रहा है और 0.3 प्रतिशत टेल्स ऐसे है तो यह (एलब्राइट, बरखाऊत व वॉकर, 1996) निकाला जा सकता है कि एक किलोग्राम 40 प्रतिशत संवर्द्धित यूरेनियम उत्पादन के लिए लगभग 81 SWU की जरूरत पड़ेगी। 500 SWU प्रति वर्ष और 1000 SWU प्रति वर्ष की क्षमता से लगभग 6 और 12 किलोग्राम संवर्द्धित यूरेनियम का उत्पादन प्रति वर्ष हो सकता है। यदि यह संयंत्र एक दशक से काम कर रहा है तो

दो अनुमानित क्षमताओं से 60 और 120 किलोग्राम संवर्द्धित यूरेनियम पैदा किया गया होगा।

भारत ने आंतरिक संवर्द्धित यूरेनियम उत्पादन से एक भूमि आधारित प्रायोगिक पनडुब्बी चालन संयंत्र, टरबाइन व प्रोपेलर युक्त 90 मेगावॉट प्रेशराइज्ड वॉटर रिएक्टर, का परीक्षण कर लिया है (गोपी रेथीनाराज, 1998)।

उच्च प्रौद्योगिकी केन्द्र, इन्दौर, मध्य प्रदेश

1993 में शुरू हुआ यह एक लेसर संवर्द्धन शोध केन्द्र है।

4. भारी पानी

भारी पानी का इस्तेमाल नाभिकीय रिएक्टरों में शीतलक व मंदक के रूप में होता है।

भारतीय नाभिकीय संयंत्रों व शोध रिएक्टरों की भारी पानी की आवश्यकता को पूरा करने के लिए देश में आठ भारी पानी संयंत्र लगे हुए हैं। वर्तमान जरूरत को पूरा करने के लिए इनकी उत्पादन क्षमता पर्याप्त है। अक्टूबर 2000 में भारत ने दक्षिण कोरिया को 16 मिट्रिक टन भारी पानी का निर्यात भी किया (परमाणु ऊर्जा विभाग, 2000-01)।

भारी पानी का उत्पादन

भारत ने '80 के दशक में मद्रास-1, मद्रास-2, ध्रुव व नरोरा रिएक्टरों को चलाने के लिए व्यापक स्तर पर गुपचुप भारी पानी की खरीद की ताकि उसे इन संयंत्रों को अंतर्राष्ट्रीय परमाणु ऊर्जा अभिकरण के संरक्षण में न लाना पड़े (स्पैक्टर और स्मिथ, 1990)। पर उसके बाद से उसने आंतरिक उत्पादन क्षमता विकसित कर ली है जिसका विवरण निम्न प्रकार से है (ट्रैकिंग न्यूक्लियर प्रॉलिफरेशन, 1998)।

क. ट्रॉम्बे

यह एक प्रयोग स्तर की सुविधा है।

ख. नांगल

1962 से प्रारम्भ इस संयंत्र की उत्पादन क्षमता 14 टन प्रति वर्ष है।

ग. वडोदरा

1980 से प्रारम्भ इस संयंत्र की उत्पादन क्षमता 67 टन प्रति वर्ष है किन्तु यह संयंत्र ठीक से चल नहीं सका। दिसम्बर 1998 से उत्पादन बंद है चूंकि गुजरात राज्य फर्टीलाइजर कॉर्पोरेशन के पुराने अमोनिया संयंत्र बंद हो गए जिन पर यह निर्भर था (परमाणु ऊर्जा विभाग, 2000-01)।

घ. ट्यूटीकोरिन

1978 से प्रारम्भ इस संयंत्र की उत्पादन क्षमता 71 टन प्रति वर्ष है।

च. तालचेर

1980 से प्रारम्भ पहले चरण की उत्पादन क्षमता 62 टन प्रति वर्ष है। 1980 से ही उसी क्षमता का दूसरे चरण का उत्पादन भी हो रहा है। फर्टीलाइजर कॉर्पोरेशन ऑफ इण्डिया, जिन पर ये संयंत्र निर्भर थे, के बंद होने से फिलहाल इनका भी उत्पादन स्थगित है (परमाणु ऊर्जा विभाग, 2000-01)।

छ. कोटा

1981 से प्रारम्भ इस संयंत्र की उत्पादन क्षमता 100 टन प्रति वर्ष है।

ज. थाल-वैशेट, महाराष्ट्र

1991 से प्रारम्भ इस संयंत्र की उत्पादन क्षमता 110 टन प्रति वर्ष है।

झ. मानुगुरु

1991 से प्रारम्भ इस संयंत्र की उत्पादन क्षमता 185 टन प्रति वर्ष है तथा इसका विस्तार किया जा रहा है।

त. हजीरा

1991 से प्रारम्भ इस संयंत्र की उत्पादन क्षमता 110 टन प्रति वर्ष है।

इस तरह भारत की भारी पानी की कुल उत्पादन क्षमता 781 टन प्रति वर्ष है जिसमें से 590 टन प्रति वर्ष सक्रिय है। परिशिष्ट 3 में कुछ अतिरिक्त व संबंधित सुविधाओं की सूची है।

5. रिएक्टर

नाभिकीय बिजली संयंत्र ऊष्मा पैदा करने के लिए विघटन की प्रक्रिया पर निर्भर करते हैं। विघटन में एक भारी केन्द्र, जैसे यूरेनियम परमाणु का केन्द्र, दो या दो से ज्यादा प्रमुख घटकों और कुछ हल्के टुकड़ों, जैसे न्यूट्रॉन, में विखण्डित हो जाता है। विघटन स्वयं स्फूर्त ढंग से हो सकता है, किन्तु नाभिकीय रिएक्टर में न्यूट्रॉन द्वारा परमाणु के विघटीय केन्द्र में विखण्डन कराया जाता है। उपयुक्त माहौल में एक विघटन का क्रमबद्ध सिलसिला शुरू हो जाता है। विघटन से निकलने वाली ऊर्जा ही वह ऊष्मा प्रदान करती है जिससे बिजली बनाई जाती है। आधुनिक नाभिकीय ऊर्जा संयंत्रों में नाभिकीय ईंधन से यह ऊष्मा पानी द्वारा निकाली जाती है जिसे उन सलाखों के इर्द-गिर्द भेजा जाता है जिनमें ईंधन होता है। ईंधन के पास मंदक भी रखे जाते हैं जो न्यूट्रॉन की गति धीमी कर उनके द्वारा विघटन शुरू कराने की सम्भावना को बेहतर बनाते हैं ताकि सिलसिलेवार यह प्रक्रिया चलती रहे।

निम्नलिखित में कुछ बिजली संयंत्रों की विशेषताएं दी गई हैं।

तालिका 2: कुछ बिजली संयंत्रों की विशेषताएं (नीरो, ए गाइडबुक टू न्यूक्लियर रिएक्टर्स)।

बिजली संयंत्र का प्रकार	शीतलक	मंदक	ईंधन
प्रेशराइज्ड वॉटर रिएक्टर	साधारण पानी	साधारण पानी	2-4% निम्न संवर्द्धित यूरेनियम
ब्वॉयलिंग वॉटर रिएक्टर	साधारण पानी	साधारण पानी	2-4% निम्न संवर्द्धित यूरेनियम
प्रेशराइज्ड हेवी वॉटर रिएक्टर	भारी पानी	भारी पानी	प्राकृतिक यूरेनियम

धीमी गति से ईंधन को जलाते हुए नाभिकीय रिएक्टरों का इस्तेमाल शस्त्र योग्य प्लूटोनियम पैदा करने के लिए भी किया जा सकता है। इन्हें उत्पादन रिएक्टर कहा जाता है। अथवा किसी प्रयोग के लिए भी रिएक्टर को कम ऊर्जा पर चलाया जा सकता है।

न्यूक्लियर पावर कॉर्पोरेशन ऑफ इण्डिया लिमिटेड (एन.पी.सी.आई.एल.) नाभिकीय बिजली पैदा करने तथा नाभिकीय बिजली प्रौद्योगिकी में आत्मनिर्भरता हासिल करने के उद्देश्य से 1987 में गठित हुई। एन.पी.सी.आई.एल. दो ब्वॉयलिंग वॉटर रिएक्टर तथा 18 प्रेशराइज्ड हेवी वॉटर रिएक्टर का संचालन कर रही है जिनकी कुल उत्पादन क्षमता 4780 मेगावॉट इलेक्ट्रिक है और राष्ट्रीय ग्रिड को 16,500 करोड़ किलो-वॉट-आवर का योगदान कर चुके हैं (परमाणु ऊर्जा विभाग, 2006-07)।

यह देखते हुए कि भारत के ज्यादातर नाभिकीय बिजली संयंत्र अंतर्राष्ट्रीय परमाणु ऊर्जा अभिकरण के संरक्षण के दायरे के बाहर हैं वह एक या एक से ज्यादा बिजली संयंत्र का इस्तेमाल शस्त्र योग्य प्लूटोनियम उत्पादन के लिए कर सकता है। कैण्डू रिएक्टर, जो प्रेशराइज्ड हेवी वॉटर किस्म के हैं, का इस्तेमाल भारत उन सभी संयंत्रों में करता है जो संरक्षण के बाहर हैं। इनमें संयंत्र के चलते हुए बिना उसके उत्पादन पर खास फर्क पड़े ईंधन बदला जा सकता है। यह सम्भव है कि ईंधन के कुछ अंश को धीमी गति से जलाते हुए शस्त्र योग्य प्लूटोनियम का उत्पादन किया जाता हो (नैयर, तूर व मियां, 1997)। यदि भारत अपना एक 235 मेगावॉट इलेक्ट्रिक क्षमता वाला बिजली रिएक्टर शस्त्र योग्य प्लूटोनियम उत्पादन में लगाए तो वह 60 प्रतिशत क्षमता पर काम करते हुए भी 160 किलोग्राम शस्त्र योग्य प्लूटोनियम बना सकता है (एलब्राइट, बरखाऊत व वॉकर, 1996)। इसकी सीमा ईंधन को पुनः भरने की गति और इस्तेमाल किए ईंधन के भण्डारण ताल की क्षमता तय करेंगी।

चालू बिजली संयंत्र

वर्तमान में चल रहे बिजली संयंत्र इस प्रकार हैं।

क. तारापुर परमाणु बिजली संयंत्र, ईकाई 1,2,3,4, तारापुर, बोईसर के नजदीक, जिला थाणे, महाराष्ट्र

ख. राजस्थान परमाणु बिजली संयंत्र, ईकाई 1,2,3,4,5,6, रावतभाटा, कोटा के निकट, राजस्थान

ग. मद्रास परमाणु बिजली संयंत्र, ईकाई 1,2, कल्पाक्कम, चेन्नई के निकट, तमिल नाडू

घ. नरोरा परमाणु बिजली संयंत्र, ईकाई 1,2, नरोरा, जिला बुलंदशहर, उत्तर प्रदेश

च. काकरापार परमाणु बिजली संयंत्र, ईकाई 1,2, सूरत के निकट, गुजरात

छ. कैगा परमाणु बिजली संयंत्र, ईकाई 1,2,3,4, कैगा, जिला उत्तर कन्नडा, कर्नाटक

परिशिष्ट 4 में इन बिजली रिएक्टरों से संबंधित विवरण दिए गए हैं। इनके खराब प्रदर्शन की वजह से ज्यादातर बिजली संयंत्रों की बिजली उत्पादन क्षमता को संशोधित किया गया (गोपालाकृष्णन, 1999)। परिशिष्ट 5 में इन बिजली संयंत्रों की सूची तथा उनकी क्षमता कितनी कम की गई है दी गई हैं।

निर्माणाधीन संयंत्रों में काकरापार में दो, राजस्थान में दो तथा कुडनकुलम में दो रिएक्टर स्थापित किए जाने की योजना है। कुडनकुलम, जिला तिरुनेलवेली, तमिल नाडू, में रूस की मदद से कुडनकुलम परमाणु बिजली संयंत्र स्थापित किया जा रहा है। प्रारम्भ में दो रूसी वी.वी.ई.आर. हल्के पानी रिएक्टर जिनकी क्षमता 1000 मेगावॉट इलेक्ट्रिक होगी तथा जो निम्न संवर्द्धित यूरेनियम ईंधन का इस्तेमाल करेंगे लगाए जा रहे हैं। बाद में चार और रिएक्टर लगाए जाने की योजना है।

सभी प्रेशराइज्ड हेवी वॉटर रिएक्टर संयंत्रों से प्राकृतिक यूरेनियम ईंधन का इस्तेमाल करते हुए कुल बिजली का उत्पादन 1,07,905 गीगा-वॉट-आवर रहा है (देखें परिशिष्ट 4)। यह तथ्य स्वीकार करते हुए कि एक ईंधन बण्डल से 6,40,000 बिजली पैदा होती है, कुल बिजली उत्पादन में 1,68,600 बण्डल लगे होंगे जिसका अर्थ हुआ कि 2529 टन यूरेनियम ऑक्साइड ईंधन की खपत हुई। यानी 2226 टन यूरेनियम की खपत हुई। निम्नलिखित में हम बिजली संयंत्र में ईंधन जलाने की दर के आधार पर यूरेनियम खपत की मात्रा निकालेंगे।

तालिका 3: भारतीय बिजली संयंत्रों का इतिहास

बिजली संयंत्र	बिजली उत्पादन, मेगावॉट इलेक्ट्रिक दिवस	ईंधन खपत, टन यूरेनियम
तारापुर, 1,2	24,29,125	368.05
राजस्थान, 1,2,3,4	13,49,833	642.78
मद्रास, 1,2	13,51,000	643.33
नरोरा, 1,2	9,22,583	439.32
काकरापार, 1,2	7,73,208	368.19
कैगा, 1,2	99,417	47.34

नोटः तारापुर के ब्वॉयलिंग वॉटर रिएक्टर के लिए औसत ईंधन जलने की दर 20,000 मेगावॉट दिवस प्रति टन यूरेनियम और ताप क्षमता 0.33 तथा प्रेशराइज्ड हेवी वॉटर रिएक्टर के लिए ईंधन जलने की दर 7,000 मेगावॉट दिवस प्रति टन यूरेनियम और ताप क्षमता 0.30 इस्तेमाल की गई है।

सभी प्रेशराइज्ड हेवी वॉटर रिएक्टरों में कुल 2141 टन यूरेनियम की खपत हुई जो अनुमानित इस्तेमाल किए बण्डलों की संख्या से मेल खाता है।

बिजली संयंत्रों से विकिरण का ख़तरा

भारत में कार्यस्थल पर विकिरण के खतरे को मापने के लिए न्यूनतम स्तर 0.05 मिली सीवर्ट तय किया गया है। इससे कम विकिरण की माप नहीं होती। 1991 में इण्टरनेशनल कमीशन ऑन रेडियोलॉजिकल प्रोटेक्शन ने कार्यस्थल पर कर्मचारी या मजदूरों को मिलने वाले विकिरण की सीमा 20 मिली सीवर्ट प्रति वर्ष तय की है।

परिशिष्ट 6 में बिजली संयंत्रों में कर्मचारियों को प्राप्त विकिरण की जानकारी दी गई है।

1986 से 1990 के दौरान परमाणु ऊर्जा विभाग के 3-5 प्रतिशत कर्मचारियों को 20 मिली सीवर्ट प्रति वर्ष से ज्यादा विकिरण मिला। 1987 में मद्रास परमाणु बिजली संयंत्र के 18 प्रतिशत से अधिक कर्मचारियों को 20 मिली सीवर्ट प्रति वर्ष से ज्यादा व 5.5 प्रतिशत कर्मचारियों को 35 मिली सीवर्ट प्रति वर्ष से अधिक विकिरण मिला (सोनावणे, व अन्य, 1992)। मद्रास परमाणु बिजली संयंत्र में औसत विकिरण 11 मिली सीवर्ट प्रति वर्ष रहा (मिश्रा व कृष्णमोनी, 1994)।

रावतभाटा परमाणु बिजली संयंत्र के नजदीक रहने वाली आबादी का वैज्ञानिक सर्वेक्षण कर स्वास्थ्य पर पड़ने वाले प्रभावों के सम्बंध में निम्न तथ्य सामने आए (रमणा व गाडेकर)।

- जन्मजात विक्लांगता में वृद्धि

- बच्चा गर्भ से गिर जाने, मृत बच्चा पैदा होने, पैदा होने के एक दिन बाद मर जाने की दर में वृद्धि
- खासकर बच्चों में दीर्घकालिक बीमारियों में वृद्धि, गम्भीर संक्रामक रोगों पर कोई असर नहीं
- सख्त ट्यूमर की दरों में वृद्धि
- संयंत्र के नजदीक कैंसर रोगियों व कैंसर से मौतों में वृद्धि

सार्वजनिक रूप से उपलब्ध जानकारी के अनुसार नरोरा परमाणु बिजली संयंत्र में मंदक के रूप में 140 टन व शीतलक के रूप में 100 टन भारी पानी का इस्तेमाल हुआ है। परिशिष्ट 7 में दिए गए समीकरण का इस्तेमाल करते हुए एक 220 मेगावॉट इलेक्ट्रिक संयंत्र के मंदक में 1.8 टेरा-बेक्वेरल प्रति किलोग्राम ट्रीशियम होगा। इसका अर्थ हुआ कुल 252 पीको-बेक्वेरल या 0.7 किलोग्राम। विकिरण से बचाव के लिए मंदक में ट्रीशियम की मात्रा 0.2 टेरा-बेक्वेरल प्रति किलोग्राम से कम होनी चाहिए। इसी तरह शीतलक में ट्रीशियम की मात्रा 0.05 टेरा-बेक्वेरल प्रति किलोग्राम होगी जिसका अर्थ है कुल 5 पीको-बेक्वेरल या 14 किलोग्राम ट्रीशियम।

काकरापार परमाणु बिजली संयंत्र में प्रति दिन 10 किलोग्राम भारी पानी का नुकसान हुआ है (हिब्स, 1997)। नरोरा के लिए भी इसी आंकड़े को मानते हुए भारी पानी का वार्षिक नुकसान 3.5 टन है (1.5 प्रतिशत नुकसान)। यदि इसे पूरा शीतलक मान लिया जाए तो 0.5 ग्राम ट्रीशियम का नुकसान होगा। इससे 1,75,000 गीगा-बेक्वेरल विकिरण निकली होगी। यदि माना जाए कि 80 प्रतिशत हवा के साथ बह गई तो 1,40,000 गीगा-बेक्वेरल विकिरण निकली होगी। तरल कचरे में 35,000 गीगा-बेक्वेरल ट्रीशियम निकली होगी। ये आंकड़े परिशिष्ट 7 में नरोरा से निकलने वाली ट्रीशियम के आंकड़े से मेल खाते हैं।

निम्नलिखित में हम सभी बिजली संयंत्रों में बिजली उत्पादन के आधार पर अधिकतम संग्रहित ट्रीशियम की मात्रा दे रहे हैं।

तालिका 4: भारी पानी वाले रिएक्टरों में संग्रहित ट्रीशियम की मात्रा

बिजली संयंत्र	बिजली उत्पादन, गीगावॉट इलेक्ट्रिक दिवस	ग्राम में ट्रीशियम
राजस्थान, 1,2,3,4	1,350	925
मद्रास, 1,2	1,351	925
नरोरा, 1,2	923	632
काकरापार, 1,2	773	529
कैगा, 1,2	99	68

कुल ट्रीशियम की मात्रा है 3 किलोग्राम।

दुर्घटनाएं

दुर्घटना के समय विकिरण का खतरा बढ़ जाता है। उदाहरण के लिए 1999 में मद्रास बिजली संयंत्र में फैल गए 4-14 टन भारी पानी को साफ करने में लगे 42 कर्मचारियों को 6-8 मिली सीवर्ट का विकिरण प्रति घंटे मिला होगा (रमणा, 1999)।

रिएक्टर से हवा में निकलने वाली नोबल गैस, ट्रीशियम, आयोडीन-131 तथा तरल कचरे में ट्रीशियम व अन्य रेडियोन्यूक्लीआइड के आंकड़ों के लिए देखें परिशिष्ट 7।

कचरा (रमणा, थॉमस व वारूघीस)

परमाणु संयंत्रों से दिसम्बर 2000 तक मध्यम स्तर के कचरे का अनुमान है 275.7 घन मीटर तथा निम्न स्तर के कचरे का अनुमान है 21,250 घन मीटर।

उत्पादन रिएक्टर

भारत के नाभिकीय शस्त्र कार्यक्रम के केन्द्र में हैं दो छोटे भारी पानी वाले शोध रिएक्टर व एक प्लूटोनियम पृथक करने वाला संयंत्र जो भाभा परमाणु शोध केन्द्र, मुम्बई के निकट, में स्थित हैं। इन रिएक्टरों का इस्तेमाल शोध के लिए होता है किन्तु साथ ही ये शस्त्र योग्य प्लूटोनियम के भी स्रोत हैं (एलब्राइट, बरखाऊत व वॉकर, 1996)। इन रिएक्टरों, साईरस व ध्रुव, के विवरण परिशिष्ट 8 में दिए हैं।

नीचे इन दोनों रिएक्टर द्वारा किए गए यूरेनियम के इस्तेमाल का अनुमान लगाया गया है।

रिएक्टर	विद्युत शक्ति मेगावॉट ताप	कार्य अवधि	क्षमता गुणक	ईंधन खपत यूरेनियम टन
साईरस	40	1963-97	0.50	248.2
ध्रुव	100	1988-अभी तक	0.60	262.8

नोटः हम यह मानते हैं कि रिएक्टर में ईंधन जलने की दर 1000 मेगावॉट दिवस प्रति टन यूरेनियम रही होगी।

अतः दोनों रिएक्टर में मिला कर 511 टन यूरेनियम की खपत हुई और प्रेशराइज्ड हेवी वॉटर रिएक्टर के आंकड़े जोड़ कर भारतीय रिएक्टरों में कुल यूरेनियम खपत 2652 टन हुई होगी।

शस्त्र योग्य प्लूटोनियम उत्पादन

यदि प्रति मेगावॉट ताप दिवस 0.9 किलोग्राम प्लूटोनियम का आंकड़ा मानें तो साईरस व ध्रुव उत्पादन रिएक्टरों से 223.38 व 236.52 शस्त्र योग्य प्लूटोनियम का उत्पादन हुआ होगा, यानी कुल मिला कर 460 किलोग्राम।

प्रत्येक बिजली रिएक्टर ने शुरूआत में जब ईंधन जलने की दर कम रही होगी तो 5 किलोग्राम उच्च गुणवत्ता वाला प्लूटोनियम उत्पादित किया होगा। इस तरह 12 संयंत्रों से करीब 60 किलोग्राम शस्त्र योग्य प्लूटोनियम प्राप्त हुआ होगा।

यानी भारत के पास कुल 520 किलोग्राम शस्त्र योग्य प्लूटोनियम उपलब्ध होगा।

शोध रिएक्टर

भारतीय नाभिकीय कार्यक्रम में शोध का लक्ष्य स्वदेशी नाभिकीय ऊर्जा कार्यक्रम व अन्य उपयोग विकसित करना है। भाभा परमाणु शोध केन्द्र ने भारतीय शस्त्र कार्यक्रम के विकास में भी अहम भूमिका निभाई। भारत के विभिन्न शोध रिएक्टरों व यहां काम करने वालों को नाभिकीय ईंधन चक्र से खतरे का विवरण परिशिष्ट 9 में दिया गया है।

ब्रीडर रिएक्टर (इण्टरनेशनल न्यूक्लियर सेफ्टी सेण्टर वेबसाइट)

जबकि दुनिया ने ब्रीडर रिएक्टरों से उम्मीद छोड़ दी है भारत भारी कीमत पर इंदिरा गांधी परमाणु शोध केन्द्र, कल्पाक्कम, तमिल नाडू में महत्वकांक्षी प्रोटोटाइप फास्ट ब्रीडर रिएक्टर को सफल बनाने पर तुला हुआ है। भारत के पास यहीं पर एक फास्ट ब्रीडर परीक्षण रिएक्टर भी है जो हाल ही में लगातार 52 दिनों तक चला, जो उसके इतिहास में सबसे लम्बी अवधि है। अधिकतम ईंधन जलने की दर 72,000 मेगावॉट दिवस प्रति टन हासिल कर 6,00,000 किलो वॉट आवर बिजली पैदा की। इन दोनों रिएक्टर के विवरण परिशिष्ट 10 में दिए गए हैं।

6. पुनःसंसाधन

नाभिकीय बिजली रिएक्टर बिजली पैदा करने की प्रक्रिया में यूरेनियम ईंधन के एक हिस्से को प्लूटोनियम में परिवर्तित कर देते हैं। जब इसे इस्तेमाल न किए गए यूरेनियम ईंधन व बिजली बनाने की प्रक्रिया में पैदा हुए नए रेडियोधर्मी तत्वों से अलग किया जाता है, जिसे पुनर्संसाधन कहते हैं, तो निकाले गए प्लूटोनियम का इस्तेमाल पुनः रिएक्टर में किया जा सकता है। इसे शस्त्र निर्माण में भी इस्तेमाल किया जा सकता है (टेक्नॉलॉजीस अण्डरलाईंग वेपन्स ऑफ मास डिस्ट्रक्शन)।

भारत ने 1964 में भाभा परमाणु शोध केन्द्र, ट्रॉम्बे, में अंतर्राष्ट्रीय परमाणु ऊर्जा अभिकरण के संरक्षण के दायरे के बाहर प्लूटोनियम को अलग करने हेतु एक पुनर्संसाधन सुविधा शुरू की। वह प्लूटोनियम को अलग करने का काम मुम्बई के ही निकट 1979 में शुरू हुई पॉवर रिएक्टर फ्यूल रिप्रॉसेसिंग (बिजली रिएक्टर ईंधन पुनर्संसाधन) सुविधा में भी कर सकता है। भारत की पुनर्संसाधन सुविधाओं और इनसे कर्मचारियों को खतरे के विवरण परिशिष्ट 10 में दिए गए हैं।

रिएक्टर योग्य प्लूटोनियम

यह मानते हुए कि बिजली रिएक्टर ईंधन पुनर्संसाधन सुविधा 1984 से अपनी पूरी क्षमता पर काम कर रही है (1990 तक 100 tHM और उसके बाद 150 tHM) (नैयर, तूर व मियां, 1997) इस्तेमाल किए गए ईंधन से कुल 2200 किलोग्राम प्लूटोनियम अलग किया गया होगा। यह मानते हुए कि सामान्य जलने की दर पर इस्तेमाल किए गए ईंधन में 3.5 किलोग्राम प्लूटोनियम प्रति टन ईंधन है (एलब्राइट, बरखाऊत व वॉकर, 1996) कुल उपलब्ध प्लूटोनियम लगभग 7494 किलोग्राम होगा। अतः भारत के पास 5294 किलोग्राम प्लूटोनियम उपलब्ध है जो इस्तेमाल किए गए ईंधन से अलग नहीं किया गया है।

पुनर्संसाधन के दौरान अनुमानित कचरे का उत्पादन निम्न प्रकार से है (रमणा, थॉमस व वारूघीस)।

अनुमानित उच्च स्तर का कचरा, 5,491 घन मीटर

अनुमानित मध्यम स्तर का कचरा, 38,438 घन मीटर

अनुमानित निम्न स्तर का कचरा, 2,30,630 घन मीटर

7. अन्य सुविधाएँ

इण्डियन रेयर अर्थ लिमिटेड

क. मुम्बई

यहां नाभिकीय बिजली कार्यक्रम के लिए जिरकॉन जैसे खनिज का उत्पादन होता है। अन्य दुर्लभ तत्वों का भी उत्पादन होता है।

ख. रेयर अर्थ डेवलपमेण्ट लैबोरेटरी (थोरियम संयंत्र), ट्रॉम्बे

ग. खनिज वियोग संयंत्र, केरल

नाभिकीय कार्यक्रम के लिए जिरकॉन का उत्पादन होता है। दुर्लभ पदार्थ जैसे इलमेनाइट, रलटाइल, दुर्लभ क्लोराइड, आदि, का भी उत्पादन होता है। भविष्य की पीढ़ी के रिएक्टरों, जिनमें थोरियम का इस्तेमाल होगा, के लिए थोरियम हाईड्रॉक्साइड का उत्पादन एवं भण्डारण।

इलेक्ट्रॉनिक कॉर्पोरेशन ऑफ इण्डिया लिमिटेड, हैदराबाद

नाभिकीय बिजली संयंत्रों के लिए इलेक्ट्रॉनिक व अन्य उपकरणों का उत्पादन होता है। कम्प्यूटर, सैन्य उपकरण व उपभोक्ता इलेक्ट्रॉनिक के सामानों का भी उत्पादन होता है।

8. शस्त्र उत्पादन

भारतीय नाभिकीय शस्त्र शोध एवं विकास कॉम्पलेक्स

पोकरण

यह परमाणु परीक्षण स्थल है। भारतीय सरकार के आंकड़ों के मुताबिक 1974 व 1998 में 12 किलोटन व 58 किलोटन (पांच विस्फोट) के परीक्षण के बाद 1999 में भूमिगत विकिरण (क्यूरी में) का अनुमान इस प्रकार है।

	स्ट्रॉनशियम-90	सीजियम-137	प्लूटोनियम-239
विकिरण, क्यूरी में	6,300	10,000	900

डिफेंस रिसर्च एण्ड डेवलपमेण्ट आर्गेनाइजेशन, नई दिल्ली

रक्षा मंत्रालय का विभाग जो भारत के सैन्य शोध व विकास के कार्यक्रमों के लिए जिम्मेदार है।

क. डिफेंस रिसर्च एण्ड डेवलपमेण्ट लैबोरेटरी, हैदराबाद

प्रक्षेपास्त्र विकास कार्यक्रम

ख. द मिसाइल रिसर्च एण्ड डेवलपमेण्ट कॉम्पलेक्स, इमारत, हैदराबाद

उच्च श्रेणी की प्रक्षेपास्त्र प्रौद्योगिकी का विकास व प्रक्षेपास्त्र उत्पादन सुविधा।

ग. एक्सप्लोसिव रिसर्च एण्ड डेवलपमेण्ट लैबोरेटरी, पुणे

रॉकेट प्रोपेलेण्ट का विकास। लाल भभकते हुए नाइट्रिक अम्ल ऑक्सीडेण्ट और जाइलीडीन जी-ईंधन को मिला कर हाइपरगोलिक तरल ईंधन तैयार किया गया जिसका इस्तेमाल पृथ्वी प्रक्षेपास्त्र में हुआ।

घ. एरिअल डिलिवरी रिसर्च एण्ड डेवलपमेण्ट इस्टैब्लिशमेण्ट, आगरा

च. डिफेंस लैबोरेटरी, जोधपुर

छ. डिफेंस मेटलर्जिकल रिसर्च लैबोरेटरी, हैदराबाद

ज. टर्मिनल बैलिस्टिक रिसर्च लैबोरेटरी, चण्डीगढ़

भारत डाइनामिक्स लिमिटेड, भानूर, हैदराबाद

रक्षा मंत्रालय द्वारा संचालित इस कम्पनी में प्रक्षेपास्त्र बनाए जाते हैं।

भारत अर्थ मोवर्स लिमिटेड

यहां पृथ्वी प्रक्षेपास्त्र के लिए ट्रांसपोर्टर, इरेक्टर व लॉन्चर बनाए जाते हैं।

हिन्दुस्तान एरोनॉटिक्स लिमिटेड

पृथ्वी प्रक्षेपास्त्र के लिए जाइरोस्कोप तथा इण्टीग्रेटेड गाइडेड मिसाइल डेवलपमेण्ट प्रोग्राम के लिए एक्सेलोमीटर बनाए जाते हैं।

इण्डियन स्पेस रिसर्च आर्गेनाइजेशन, बंगलूरू

विक्रम साराभाई स्पेस सेण्टर

श्रीहरिकोटा टेस्ट रेञ्ज

पृथ्वी प्रक्षेपास्त्र के पहले आठ में से पांच परीक्षण यहां हुए।

इण्टरिम टेस्ट रेञ्ज फैसिलिटी, बलियापाल, ओडीसा

पृथ्वी प्रक्षेपास्त्र के आखिरी तीन व अग्नि प्रक्षेपास्त्र के पहले दो परीक्षण यहां हुए।

इसरो टेलीमीटरी, ट्रैकिंग एण्ड कमांड नेटवर्क, शहार व कार निकोबार द्वीप।

परिशिष्ट 1

निम्न तालिकाएँ 'सोर्सेज एण्ड इफैक्ट्स ऑफ आयोनाइजिंग रेडिएशन, यूनाइटेड नेशन्स साईंटिफिक कमेटी ऑन द इफैक्ट्स ऑफ एटोमिक रेडिएशन, 2000' से ली गई हैं।

तालिका 1: भारत में यूरेनियम खनन से मजदूरों/कर्मचारियों को खतरा

	वार्षिक अयस्क का खनन किलो टन यूरेनियम में	समतुल्य ऊर्जा, गीगा वॉट में	मजदूर जिनकी निगरानी हुई, हजार में	वार्षिक कुल विकिरण जो मिला, व्यक्ति सीवर्ट में	औसत विकिरण प्रति खनन की गई यूरेनियम ईकाई, व्यक्ति सीवर्ट प्रति किलो टन	औसत विकिरण प्रति पैदा की गई ऊर्जा ईकाई, व्यक्ति सीवर्ट प्रति गीगा वॉट	औसत वार्षिक विकिरण निगरानी किए गए मजदूरों के लिए, मिली सीवर्ट
1981-84	0.13	0.58	1.16	13.8	108	23.7	11.9
1985-89	0.15	0.68	1.35	15.2	101	22.3	11.3
1990-94	(0.18)		(0.43)	(8.1)			

नोटः कोष्ठक में दिए गए आंकड़े अनुमानित हैं।

तालिका 2: भारत में यूरेनियम मिलिंग से मजदूरों/कर्मचारियों को खतरा

	वार्षिक अयस्क परिष्कृत, किलो टन यूरेनियम	समतुल्य ऊर्जा, गीगा वॉट में	मजदूर जिनकी निगरानी हुई, हजार में	वार्षिक कुल विकिरण जो मिला, व्यक्ति सीवर्ट में	औसत विकिरण प्रति परिष्कृत की गई यूरेनियम ईकाई, व्यक्ति सीवर्ट प्रति किलो टन	औसत विकिरण प्रति पैदा की गई ऊर्जा ईकाई, व्यक्ति सीवर्ट प्रति गीगा वॉट	औसत वार्षिक विकिरण निगरानी किए गए मजदूरों के लिए, मिली सीवर्ट
1981-84	0.128	0.58	0.49	3.58	27.9	6.15	7.35
1985-89	0.150	0.68	0.58	3.40	22.6	4.97	5.86

परिशिष्ट 2

नाभिकीय ईंधन कॉम्पलेक्स, हैदराबाद, के विभिन्न संयंत्र निम्न प्रकार से हैं।

सेरामिक फ्यूल्स फैब्रीकेशन प्लांट, हैदराबाद

न्यू जिरकोनियम स्पौंज प्लांट, हैदराबाद

स्पेशल मैटेरियल्स प्लांट, हैदराबाद

जिरकोनियम फैब्रीकेशन प्लांट, हैदराबाद

यूरेनियम फ्यूल एसेम्बली प्लांट, हैदराबाद

परिशिष्ट 3

अतिरिक्त एवं संबंधित भारी पानी उत्पादन सुविधाएं

हेवी वॉटर अपग्रेड प्लांट, थाल वैशेट, महाराष्ट्र

हेवी वॉटर संयंत्रों के साथ मौजूद अमोनिया संयंत्र

क. बड़ौदा अमोनिया प्लांट, वड़ोदरा, गुजरात फर्टीलाइजर्स

ख. हजीरा अमोनिया प्लांट, कृषक भारती कोऑपरेटिव लिमिटेड, हजीरा

ग. तालचेर

घ. ट्यूटीकोरिन

च. थाल-वैशेट

परिशिष्ट 4

चालू बिजली संयंत्रों का विवरण

रिएक्टर	प्रकार	क्षमता, मेगावॉट इलेक्ट्रिक में (ट्रैकिंग न्यूक्लियर प्रॉलिफरेशन,1998) (एन.पी.सी.आई.एल. वेबसाइट)	ईंधन	प्रारम्भ तिथि	कुल उत्पादन, मई 2011 तक, मिलियन ईकाई में (एन.पी.सी. आई.एल. वेबसाइट)	टिप्पणी
तारापुर 1	ब्वॉयलिंग वॉटर रिएक्टर	150 (160)	निम्न संवर्द्धित यूरेनियम व मिश्रित ऑक्साइड	28 अक्टूबर, 1969	40,931	अंतर्राष्ट्रीय परमाणु ऊर्जा अभिकरण के संरक्षण में
तारापुर 2	,,	(160)	निम्न संवर्द्धित यूरेनियम	,,	41,494	,,
तारापुर 3	प्रेशराइज्ड हेवी वॉटर रिएक्टर	(540)	प्राकृतिक यूरेनियम	18 अगस्त, 2006	13,461	अंतर्राष्ट्रीय परमाणु ऊर्जा अभिकरण के संरक्षण से बाहर
तारापुर 4	,,	(540)	,,	12 सितम्बर, 2005	14,475	,,
राजस्थान 1	,,	90 (100)	,,	16 दिसम्बर, 1973	11,826	अंतर्राष्ट्रीय परमाणु ऊर्जा अभिकरण के संरक्षण में, फिलहाल बंद

राजस्थान 2	,,	187 (200)	,,	1 अप्रैल, 1981	30,717	संरक्षण में, 1994 से 1998 तक बंद
राजस्थान 3	,,	202 (220)	,,	1 जून, 2000	15,698	संरक्षण से बाहर, 2010 तक संरक्षण में लाया जाना था
राजस्थान 4	,,	202 (220)	,,	23 दिसम्बर, 2000	15,180	,,
राजस्थान 5	,,	(220)	,,	4 जनवरी, 2010	2,350	
राजस्थान 6	,,	(220)	,,	31 मार्च, 2010	1,157	
मद्रास 1 मद्रास 2	,, ,,	170 (220) 170 (220)	,, ,,	27 जनवरी, 1984 21 मार्च, 1986	25,244 25,559	संरक्षण से बाहर ,,
नरोरा 1	,,	202 (220)	,,	1 जनवरी, 1991	21,194	संरक्षण से बाहर, 2014 तक संरक्षण में लाया जाएगा
नरोरा 2	,,	202 (220)	,,	1 जुलाई, 1992	20,888	,,
काकरापार 1	,,	170 (220)	,,	6 मई, 1993	20,034	संरक्षण से बाहर, 2012 तक संरक्षण में लाया जाना था
काकरापार 2		202 (220)	,,	1 सितम्बर, 1995	22,086	,,
कैगा 1	,,	202 (220)	,,	16 नवम्बर, 2000	13,971	संरक्षण से बाहर
कैगा 2	,,	202 (220)	,,	16 मार्च, 2000	14,780	,,
कैगा 3	,,	202	,,	6 मई, 2007	3,481	,,
कैगा 4	,,	(220)	,,	20 जनवरी, 2011	590	

निर्माणाधीन बिजली संयंत्रों का विवरण

रिएक्टर	प्रकार	क्षमता, मेगा वॉट इलेक्ट्रिक में	ईंधन	प्रस्तावित शुरुआत	टिप्पणी
काकरापार 3	प्रेशराइज्ड हेवी वॉटर रिएक्टर	700	प्राकृतिक यूरेनियम	जून 2015	
काकरापार 4	,,	700	,,	दिसम्बर 2015	
राजस्थान 7	,,	700	,,	जून 2016	
राजस्थान 8	,,	700	,,	दिसम्बर 2016	
कुडनकुलम 1	वी.वी.ई.आर.	1000		आंदोलन के कारण अनिश्चित	
कुडनकुलम 2	,,	1000		आंदोलन के कारण अनिश्चित	
कल्पाक्कम	प्रोटोटाइप फास्ट ब्रीडर रिएक्टर	500	प्लूटोनियम व यूरेनियम		संरक्षण से बाहर

परिशिष्ट 5

बिजली संयंत्र जिनकी क्षमता कम की गई

रिएक्टर	मूल क्षमता, मेगावॉट इलेक्ट्रिक में	पुनर्मूल्यांकित क्षमता, मेगावॉट इलेक्ट्रिक में
तारापुर 1	210	160
तारापुर 2	210	160
राजस्थान 1	220	100
राजस्थान 2	220	200
मद्रास 1	235	170
मद्रास 2	235	170
नरोरा 1	235	220
नरोरा 2	235	220

परिशिष्ट 6

तालिका 1: तारापुर के दो ब्वॉयलिंग वॉटर रिएक्टरों से मजदूरों/कर्मचारियों को खतरा

अवधि	औसत ऊर्जा उत्पादन, गीगा वॉट में	मजदूर जो निगरानी में थे, हजार में	मजदूर जिनको खतरा नापा जा सकने योग्य था, हजार में	कुल वार्षिक विकिरण, व्यक्ति सीवर्ट में	औसत विकिरण प्रति पैदा की गई ऊर्जा ईकाई, व्यक्ति सीवर्ट प्रति गीगा वॉट	निगरानी वाले मजदूरों को औसत वार्षिक विकिरण, मिली सीवर्ट	खतरा नापा जा सकने वाले मजदूरों को औसत वार्षिक विकिरण, मिली सीवर्ट
1980-84	0.20	3.35	3.30	38.0	189	11.4	11.5
1984-89	0.21	2.69	2.56	23.2	113	8.63	9.06

तालिका 2: प्रेशराइज्ड हेवी वॉटर रिएक्टरों से मजदूरों/कर्मचारियों को खतरा

अवधि	मजदूर जो निगरानी में थे, हजार में	कुल वार्षिक विकिरण, व्यक्ति सीवर्ट में	औसत विकिरण प्रति पैदा की गई ऊर्जा ईकाई, व्यक्ति सीवर्ट प्रति गीगा वॉट	निगरानी वाले मजदूरों को औसत वार्षिक विकिरण, मिली सीवर्ट
1980-84	3.09	15.7	103	5.08
1984-89	0.52	3.4	76	6.51

परिशिष्ट 7

तालिका 1: रिएक्टर से निकले धुएं में उत्सर्जित नोबल गैस, गीगा बेक्वेरल में

रिएक्टर	1990	1991	1992	1993	1994
तारापुर 1,2	59,40,000	76,29,000	63,48,000	94,10,000	65,60,000
कल्पाक्कम 1,2	1,81,10,000	1,27,90,000	1,39,10,000	55,39,000	1,14,40,000
नरोरा 1,2	22,240	34,730	6,35,000	2,26,100	25,79,000
राजस्थान 1,2	1,16,20,000	1,03,80,000	47,60,000	1,24,30,000	44,43,000

तालिका 2: रिएक्टर से निकले धुएं में ट्रीशियम, गीगा बेक्वेरल में

रिएक्टर	1990	1991	1992	1993	1994
कल्पाक्कम 1,2	8,30,000	8,54,000	11,19,000	21,00,000	16,20,000
नरोरा 1, 2	66,000	1,82,500	2,44,600	1,18,400	2,64,700
राजस्थान 1,2	25,61,000	17,68,000	8,20,000	7,03,300	7,65,900

तालिका 3: रिएक्टर से निकले धुएं में आयोडीन-131, गीगा बेक्वेरल में

रिएक्टर	1990	1991	1992	1993	1994
तारापुर	5.0	4.7	5.0	4.9	3.6
कल्पाक्क्म	0.16	0.24	0.26	0.51	0.05
नरोरा	0	0.02	1.55	2.30	2.97
राजस्थान	1.43	1.00	0.46	0.78	0.31

तालिका 4: रिएक्टर से निकले धुएं में कण, गीगा बेक्वेरल में

रिएक्टर	1990	1991	1992	1993	1994
तारापुर	8.6	21.6	4.8	8.7	5.8
कल्पाक्कम	0	0	0	0	0
नरोरा	0	0	0	0	0
राजस्थान	0.014	0.004	0.004	0.006	0.002

तालिका 5: रिएक्टर से निकले तरल कचरे में ट्रीशियम, गीगा बेक्वेरल में

रिएक्टर	1990	1991	1992	1993	1994
कल्पाक्कम	1,42,800	2,11,500	3,66,000	4,28,600	2,66,400
नरोरा	9,950	15,380	34,200	58,680	49,020
राजस्थान	23,690	31,170	30,190	65,450	19,010

तालिका 6: रिएक्टर से निकले तरल कचरे में अन्य रेडियोन्यूक्लीआइड, गीगा बेक्वेरल में

रिएक्टर	1990	1991	1992	1993	1994
तारापुर	1430	1420	1120	1210	762
कल्पाक्क्म	26.4	23.6	26.3	35.3	25.5
नरोरा	0.04	0.94	14.5	11.3	3.14
राजस्थान	3.63	2.93	2.09	2.40	1.77

परिशिष्ट 8

भारत के प्लूटोनियम उत्पादन करने वाले रिएक्टरों के विवरण

क. साईरस रिएक्टर, भाभा परमाणु शोध केन्द्र, ट्रॉम्बे, मुम्बई

भारी पानी रिएक्टर

रिएक्टर प्रकारः टैंक टाइप

रिएक्टर क्षमताः 40 मेगावॉट ताप

शुरू होने की तारीखः 10 जुलाई, 1960

ईंधन पदार्थः प्राकृतिक यूरेनियम

न्यूनतम जरूरी मात्राः 6,200 किलोग्राम

सामान्य कोर लोडिंगः 10,500 किलोग्राम

ईंधन पुनर्भरणः माह में एक बार

संचालकः 80

उपयोगः आइसोटोप उत्पादन, रिएक्टर प्रौद्योगिकी में शोध व विकास, संचालक प्रशिक्षण

टिप्पणीः अंतर्राष्ट्रीय परमाणु ऊर्जा अभिकरण के संरक्षण के बाहर शस्त्र योग्य प्लूटोनियम का स्रोत। 50-80 प्रतिशत क्षमता गुणक पर 6.6-10.5 किलोग्राम शस्त्र योग्य प्लूटोनियम प्रति वर्ष उत्पादन हो सकता है (एलब्राइट, बरखाऊत व वॉकर, 1996)।

ख. ध्रुव रिएक्टर, भाभा परमाणु शोध केन्द्र, ट्रॉम्बे, मुम्बई

भारी पानी रिएक्टर

रिएक्टर प्रकारः टैंक टाइप
रिएक्टर क्षमताः 100 मेगावॉट ताप
शुरू होने की तारीखः 8 अगस्त, 1985
ईंधन पदार्थः प्राकृतिक यूरेनियम
न्यूनतम जरूरी मात्राः 3,345 किलोग्राम
सामान्य कोर लोडिंगः 6,592 किलोग्राम
संचालकः 82
उपयोगः मौलिक शोध, आइसोटोप उत्पादन, रिएक्टर प्रौद्योगिकी, प्रशिक्षण
टिप्पणीः अंतर्राष्ट्रीय परमाणु ऊर्जा अभिकरण के संरक्षण के बाहर शस्त्र योग्य प्लूटोनियम का स्रोत। 50-80 प्रतिशत क्षमता गुणक पर 16-26 किलोग्राम शस्त्र योग्य प्लूटोनियम प्रति वर्ष उत्पादन हो सकता है। अधिकारिक स्रोतों का दावा है कि वार्षिक उत्पादन 30 किलोग्राम प्रति वर्ष है (एलब्राइट, बरखाऊत व वॉकर, 1996)।

परिशिष्ट 9

क. अपसरा रिएक्टर, भाभा परमाणु शोध केन्द्र, ट्रॉम्बे, मुम्बई
हल्का पानी रिएक्टर
रिएक्टर प्रकारः स्वीमिंग पूल टाइप
रिएक्टर क्षमताः 1 मेगावॉट ताप
शुरू होने की तारीखः 4 अगस्त, 1957 (1 अगस्त, 1956)
ईंधन पदार्थः सवंर्द्धित यूरेनियम-अल्यूमीनियम मिश्रित कर्व्ड प्लेट्स (93% सवंर्द्धित यूरेनियम)
न्यूनतम जरूरी मात्राः 2.9 किलोग्राम
सामान्य कोर लोडिंगः 4.1 किलोग्राम
ईंधन पुनर्भरणः साल में चार बार
तत्व जो बदले गएः 1
खर्च हुए ईंधन की भण्डारण क्षमताः 50
भण्डारण में सामान्य संख्याः 0
संचालकः 20
उपयोगः आइसोटोप उत्पादन, मौलिक शोध, शील्डिंग प्रयोग
टिप्पणीः एशिया का पहला रिएक्टर
ख. जरलीना रिएक्टर, भाभा परमाणु शोध केन्द्र, ट्रॉम्बे, मुम्बई
भारी पानी रिएक्टर
रिएक्टर प्रकारः टैंक टाइप

रिएक्टर क्षमताः 100 वॉट ताप
शुरू होने की तारीखः 14 जनवरी, 1961
बंद होने की तारीखः 1 जनवरी, 1984
ईंधन पदार्थः प्राकृतिक यूरेनियम
न्यूनतम जरूरी मात्राः 3,700 किलोग्राम
उपयोगः लैटिस अध्ययन
टिप्पणीः हमेशा के लिए बंद कर दिया गया है
ग. पूर्णिमा-1 रिएक्टर, भाभा परमाणु शोध केन्द्र, ट्रॉम्बे, मुम्बई
रिएक्टर प्रकारः टैंक टाइप
रिएक्टर क्षमताः 1 वॉट (नॉमिनल)
शुरू होने की तारीखः 18 मई, 1972
बंद होने की तारीखः 1 जनवरी, 1983
ईंधन पदार्थः प्लूटोनियम
उपयोगः यूरेनियम-233 फास्ट रिएक्टर भौतिकी शस्त्र अध्ययन
टिप्पणीः हमेशा के लिए बंद कर दिया गया है
घ. पूर्णिमा-2 रिएक्टर, भाभा परमाणु शोध केन्द्र, ट्रॉम्बे, मुम्बई
रिएक्टर प्रकारः टैंक टाइप
रिएक्टर क्षमताः 10 मिलीवॉट (नॉमिनल)
शुरू होने की तारीखः 10 मई, 1984
बंद होने की तारीखः 15 जून, 1986
ईंधन पदार्थः प्लूटोनियम
न्यूनतम जरूरी मात्राः 0.4 किलोग्राम
सामान्य कोर लोडिंगः 0.5 किलोग्राम
उपयोगः यूरेनियम-233 ईंधन अध्ययन, भविष्य के रिएक्टरों का मूल्यांकन
टिप्पणीः हमेशा के लिए बंद कर दिया गया है
संचालकः 5
च. पूर्णिमा-3 रिएक्टर, भाभा परमाणु शोध केन्द्र, ट्रॉम्बे, मुम्बई
रिएक्टर प्रकारः टैंक टाइप
रिएक्टर क्षमताः 1 वॉट ताप
शुरू होने की तारीखः 9 नवम्बर, 1990
ईंधन पदार्थः यूरेनियम-233 - अल्यूमीनियम
उपयोगः कामिनी रिएक्टर का अध्ययन
छ. कामिनी रिएक्टर, इंदिरा गांधी परमाणु शोध केन्द्र, कल्पाक्कम, तमिल नाडू

रिएक्टर प्रकारः टैंक टाइप
रिएक्टर क्षमताः 30 किलो वॉट ताप
शुरू होने की तारीखः 20 अक्टूबर, 1996
ईंधन पदार्थः यूरेनियम-233 - अल्यूमीनियम मिश्रित धातु
सामान्य कोर लोडिंगः 600 किलोग्राम
उपयोगः न्यूट्रॉन रेडियोग्राफी, न्यूट्रॉन ऐक्टीवेशन एनालिसिस, आदि

नाभिकीय ईंधन चक्र में शोध से मजदूरों/कर्मचारियों को खतरा

अवधि	कर्मचारी जिनकी निगरानी की गई, हजार में	कर्मचारी जिनको खतरा नापा जा सकने योग्य था, हजार में	कुल वार्षिक विकिरण मिला, व्यक्ति सीवर्ट में	निगरानी वाले कर्मचारियों को औसत वार्षिक विकिरण, मिली सीवर्ट में	खतरा नापा जा सकने वाले कर्मचारियों को औसत वार्षिक विकिरण, मिली सीवर्ट में
1980-84	2.78	1.97	6.36	2.29	3.23
1984-89	3.62	2.38	4.65	1.28	1.96

परिशिष्ट 10

क. फास्ट ब्रीडर टेस्ट रिएक्टर, इंदिरा गांधी परमाणु शोध केन्द्र, कल्पाक्क्म, तमिल नाडू (केन्द्र की वेबसाइट से)
फ्रांस के रिएक्टर रैपसोडी पर आधारित
शीतलकः सोडियम
रिएक्टर क्षमताः 40 मेगावॉट ताप (ट्रैकिंग न्यूक्लियर प्रॉलिफरेशन, 1998) (नॉमिनल) (इंदिरा गांधी परमाणु शोध केन्द के मुताबिक यह रिएक्टर अपने जीवनकाल के ज्यादातर समय 10.5 मेगावॉट ताप स्तर पर चलता रहा है)
शुरू होने की तारीखः 18 अक्टूबर, 1985
ईंधन पदार्थः प्लूटोनियम यूरेनियम मिश्रित कार्बाइड
न्यूनतम जरूरी मात्राः 50 किलोग्राम
सामान्य कोर लोडिंगः 120 किलोग्राम
औसत ईंधन जलने की दर 1,00,000 मेगावॉट दिवस प्रति मिट्रिक टन पहुंच जाती है
ईंधन पुनर्भरणः 50 दिन

तत्व जो बदले गएः 10
संचालकः 360
ख. प्रोटोटाइप फास्ट ब्रीडर टेस्ट रिएक्टर, इंदिरा गांधी परमाणु शोध केन्द्र, कल्पाक्क्म, तमिल नाडू
रिएक्टर क्षमताः 500 मेगावॉट इलेक्ट्रिक
ईंधन पदार्थः मिश्रित यूरेनियम प्लूटोनियम ऑक्साइड
टिप्पणीः निर्माणाधीन

परिशिष्ट 11

भारतीय पुनर्संसाधन सुविधाएं

क. ट्रॉम्बे

यह मध्यम स्तर की सुविधा 1964 में शुरू हुई, 1974 में खतरनाक तत्वों की सफाई व पुनर्निमाण हेतु बंद हुई तथा पुनः 1985 में शुरू हुई। साईरस व ध्रुव रिएक्टरों के ईंधन के लिए इसकी 50 टन भारी धातु प्रति वर्ष की क्षमता पर्याप्त है।

ख. तारापुर

यह बड़ी सुविधा कैण्डू बिजली रिएक्टर ईंधन से प्लूटोनियम अलग करने के लिए बनाई गई है। इसने साईरस के इस्तेमाल किए हुए ईंधन का भी पुनर्संसाधन किया है (एलब्राइट, बरखाऊत व वॉकर, 1996)। इसकी सामान्य क्षमता 100-150 टन भारी धातु प्रति वर्ष है पर इसके संचालन में काफी दिक्कतें आई हैं और अपनी सामान्य क्षमता भी हासिल नहीं कर पाया है। सम्भवतः यह सिर्फ 25 टन भारी धातु प्रति वर्ष के स्तर पर ही काम कर रहा है। 1977 में शुरू हुई इस सुविधा में जब संरक्षण के दायरे वाला ईंधन मौजूद रहता है तो यह भी अंतर्राष्ट्रीय परमाणु ऊर्जा अभिकरण के संरक्षण के दायरे में रहता है। भाभा परमाणु शोध केन्द्र की 1985-86 की वार्षिक रपट के मुताबिक राजस्थान व मद्रास बिजली संयंत्रों के ईंधन का भी यहां पुनर्संसाधन हुआ है।

ग. कल्पाक्कम

प्रायोगिक स्तर की सुविधा जो 1985 से चल रही है।

घ. कल्पाक्कम

बड़े स्तर पर दो लाइनें
क्षमताः 100 टन भारी धातु प्रति वर्ष
शुरुआतः 1998/2008
टिप्पणीः निर्माणाधीन

ईधन पुनर्संसाधन से मजदूरों/कर्मचारियों को खतरा

अवधि	जो कर्मचारी निगरानी में रखे गए, हजार में	कर्मचारी जिनको खतरा नापा जा सकने योग्य था, हजार में	कुल वार्षिक विकिरण, व्यक्ति सीवर्ट	निगरानी वाले कर्मचारियों को औसत वार्षिक विकिरण, मिली सीवर्ट	खतरा नापा जा सकने वाले कर्मचारियों को औसत वार्षिक विकिरण, मिली सीवर्ट में
1981-84	1.48	1.27	6.76	4.57	5.33
1984-89	1.66	1.32	5.53	3.34	4.19
1990-94	1.66	1.32	5.53		

संदर्भ

- एलब्राइट डी., बरखाऊत एफ. व वॉकर डब्लू., 1996, प्लूटोनियम एण्ड हाईली एनरिचूड यूरेनियम, वर्ल्ड इनवेण्टरीज़, केपेबिलिटीज़ एण्ड पालिसीज़
- बेनेडिक्ट एम., पिग्फोर्ड टी. एच. व लेवी एच. डब्लू., 1981, न्यूक्लियर केमिकल इंजीनियरिंग, मैक्ग्रॉ हिल, न्यू यॉर्क
- भाभा परमाणु शोध केन्द्र वेबसाइट, Http:\\www.barc.ernet.in
- बोल्टन जे., 1978, मैनेजमेण्ट ऑफ रेडियोएक्टिव फ्यूल वेस्ट्सः द कनेडियन डिस्पोसल प्रोग्राम, एटोमिक एनर्जी ऑफ कनाडा रिसर्च कम्पनी, पृष्ठ 13
- डिएह्ल पी., यूरेनियम माइनिंग एण्ड मिलिंग वेस्ट्सः एन इण्ट्रोडक्शन, http:\\www.antenna.nl\wise\uranium\uwai.html
- परमाणु ऊर्जा विभाग, वार्षिक रपट, 1995-96
- परमाणु ऊर्जा विभाग, वार्षिक रपट, 2000-01, http:\\www.dae.gov.in\ar2001
- परमाणु ऊर्जा विभाग, वेबसाइट, http:\\www.dae.gov.in\ucilex.htm
- गाडेकर, सुरेन्द्र व संघमित्रा, 2000, अगस्त 6, कई गांवों व यू.सी.आई.एल. द्वारा संचालित विद्यालय की बाऊंड्री दीवार पर विकिरण स्तर नापने के बाद निष्कर्ष
- गोपालाकृष्णन, ए., 1999, इशू ऑफ न्यूक्लिर सेफ्टी, फ्रंटलाईन, मार्च 26
- गोपी रेथीनाराज, टी. एस., 1998, जून, ए.टी.वी.: ऑल एट सी बिफोर इट हिट्स द वॉटर, जेनस् इण्टेलीजेंस रिवियू
- हिब्स, एम., दिसम्बर 4, 1997, रिर्पोट फ्रॉम काकरापार, न्यूक्लिऑनिक्स वीक, वॉल्यूम 38, नम्बर 49, पृष्ठ 8
- द हिन्दू, 2000, सितम्बर 11, न्यूक्लियर फ्यूल बण्डल्स प्रोडक्शन स्पीडेड अप

- द हिन्दू, 2001, अप्रैल 4,'न्यू भाभा एटॉमिक रिसर्च सेण्टर चीफ एज़्यूम्स चार्ज
- इण्डियन बिज़नेस इनसाइट, सितम्बर 10, 1999
- इंदिरा गांधी परमाणु शोध केन्द्र वेबसाइट, http:\\www.igcar.ernet.in\ig2k\igc.htm
- इण्टरनेशनल न्यूक्लियर सेफ्टी सेण्टर वेबसाइट, http:\\www.insc.anl.gov\cgi-bin\nre
- मिश्रा, यू.सी. व कृष्णास्वामी, एस., अक्टूबर-नवम्बर 1994, रेडिएशन प्रोटेक्शन एण्ड इनवॉयरेन्मेण्टल इम्पैक्ट फ्रॉम न्यूक्लियर पॉवर प्लांट्स, इण्डियन जर्नल ऑफ पॉवर एण्ड रिवर वैली डेवलपमेण्ट, डेवलपमेण्ट इन न्यूक्लियर पॉवर जेनरेशन नम्बर
- नैयर, ए.एच., तूर, ए.एच. व मियां, जेड., 1997, फिसाइल मैटेरियल प्रोडक्शन पोटेंशियल इन साऊथ एशिया, साइंस एण्ड ग्लोबल सिक्योरिटी, वॉल्यूम 6
- न्यूक्लियर पॉवर कार्पोरेशन ऑफ इण्डिया लिमिटेड वेबसाइट, http:\\www.npcil.nic.in
- पैट्रोनोबिश, एस., 2006, न्यूक्लियर पॉवरः यूरेनियम क्राइसिस, फ्रंटलाईन, दिसम्बर 31, 2005 - जनवरी 13, 2006, http:\\www.flonnet.com\fl2227\stories\20060113000806000.htm
- जादूगोड़ा में यू.सी.आई.एल. कर्मचारियों से व्यक्तिगत बातचीत, 2000
- रमणा, एम.वी., 1999, जून 4, डिस्टर्बिंग क्वैस्चनस्, फ्रंटलाईन
- रमणा, एम.वी. व गाडेकर, सुरेन्द्र, द प्राइस वी पेः इनवॉयरेन्मेण्टल एण्ड हैल्थ इम्पैक्टस् ऑफ न्यूक्लियर वीपन्स प्रोडक्शन एण्ड टेस्टिंग
- रमणा, एम.वी., थॉमस, डी.जी. व वारूघीस, एस., एस्टीमेटिंग न्यूक्लियर वेस्ट प्रोडक्शन इन इण्डिया
- सोनावणे, ए.यू., आदि, 1992, न्यू आई.सी.आर.पी. डोज़ लिमिट एण्ड प्रॉस्पेक्ट्स फॉर इट्स इमप्लीमेण्टेशन इन फ्यूल साईकिल, बुलेटिन ऑफ रेडिएशन प्रोटेक्शन 15, नम्बर 1, जनवरी-मार्च, 1992, पृष्ठ 10-12, जैसा कि 'रमणा, एम.वी. व गाडेकर, सुरेन्द्र, द प्राइस वी पेः इनवॉयरेन्मेण्टल एण्ड हैल्थ इम्पैक्टस् ऑफ न्यूक्लियर वीपन्स प्रोडक्शन एण्ड टेस्टिंग' में जिक्र है
- सोर्सेज़ एण्ड इफैक्ट्स ऑफ आयोनाइजिंग रेडियशन, 2000, यूनाइटेड नेशनस् साईंटिफिक कमेटी ऑन द इफैक्ट्स ऑफ एटॉमिक रेडिएशन
- स्पैक्टर, एल.एस. व स्मिथ, जे.आर., 1990, न्यूक्लियर एम्बीशन्स, द स्प्रेड ऑफ न्यूक्लियर वीपन्स, 1989-90, ए कार्नेगी एनडाऊमेण्ट बुक
- टेक्नॉलोजीस अण्डरलाईंग वीपन्स ऑफ मास डिस्ट्रक्शन, ऑफिस ऑफ द टेक्नॉलोजी एसेसमेण्ट, यूनाइटेड स्टेट्स कांग्रेस
- ट्रैकिंग न्यूक्लियर प्रॉलिफरेशनः ए गाइडबुक इन मैप्स एण्ड चार्ट्स, 1998, ए कार्नेगी एनडाऊमेण्ट बुक
- वर्ल्ड न्यूक्लियर इण्डस्ट्री हैण्डबुक, 1995
- यूरेनियम 2005, रिसोर्सेज़, प्रोडक्शन एण्ड डिमांड, ऑर्गेनाइज़ेशन फॉर इकोनॉमिक कोऑपरेशन एण्ड डेवलपमेण्ट, न्यूक्लियर एनर्जी एजेंसी और अंतर्राष्ट्रीय परमाणु ऊर्जा अभिकरण की एक संयुक्त रपट, 2005

नाभिकीय विकल्प : नाभिकीय शस्त्र व ऊर्जा पर बहस

भूमिका

नाभिकीय शस्त्र व ऊर्जा आधी शताब्दी से तो हैं ही और अभी भी उनको लेकर बहस उतनी ही तीखी है जितनी कि शुरू के दिनों में थी। इस क्षेत्र को लेकर सरकारों ने इतनी गोपनीयता बरती है कि लोगों के बीच समझदारी भी नहीं बन पाई है। भारत में दूसरे नाभिकीय परीक्षण के पहले हुए एक सर्वेक्षण में 67 प्रतिशत लोगों ने कहा कि नाभिकीय मुद्दे पर उन्हें जानकारी उपलब्ध नहीं है (कोर्टराइट व मट्टू, 1996)। बहस आमतौर पर वैज्ञानिकों व विशेषज्ञों तक ही सीमित रही है। सरकारी विंशेषज्ञ गोपनीयता बनाए रखने के उद्देश्य से जानकारी नहीं उपलब्ध कराते। बल्कि कई बार वे भ्रम फैलाते हैं। उदाहरण के लिए भारत का कोई भी वैज्ञानिक यह स्वीकार नहीं करेगा कि विकिरण की वजह से लोगों को कोई खतरा है।

भारत का नाभिकीय तंत्र संसद को जवाबदेह हुए बिना वर्षों से चल रहा है। परमाणु ऊर्जा आयोग के अध्यक्ष सीधे प्रधान मंत्री के प्रति जिम्मेदार हैं। सरकार परमाणु ऊर्जा अधिनियम, 1962, का इस्तेमाल कर परमाणु ऊर्जा संयंत्र सम्बंधित जानकारी भी देने से मना कर सकती है यह कहते हुए कि जानकारी संवेदनशील है और देश की सुरक्षा से जुड़ी हुई है। सूचना के अधिकार अधिनियम, 2005, के तहत भारत की एक यूरेनियम खदान जादूगोड़ा की मिल टेलिंग के एक पाइप से हुए रिसाव के बारे में पूछे जाने पर यह स्पष्ट हो गया कि प्रशासन बहुत जल्दी अपने तरीके नहीं बदलने वाला (http:\\www.jadugoda.net\Accidents\rti\page_1.jpg, http:\\www.jadugoda.net\Accidents\rti\page_2.jpg)।

अतः सरकार से स्वतंत्र विशेषज्ञों की भूमिका इस मामले में अत्यंत महत्वपूर्ण हो जाती है क्योंकि उन्हीं से आम जनता को कुछ तथ्यात्मक जानकारी मिल सकती है। एक लोकतंत्र में जनता की भागीदारी एवं सफल शांति व पर्यावरण अभियानों के लिए एक खुली एवं जानकार बहस जरूरी है। इस पुस्तक का उद्देश्य है कि लोगों की

नाभिकीय विषय को लेकर स्पष्ट समझ बने। इस अध्याय में प्रस्तुतिकरण की शैली है विषय से जुड़े कई भ्रमों का स्पष्टीकरण।

नाभिकीय शस्त्र

भ्रम : नाभिकीय शस्त्र सुरक्षा प्रदान करते हैं।

हकीकत : नाभिकीय शस्त्र सिर्फ एक बार वास्तविक युद्ध में इस्तेमाल किए गए हैं। हिरोशिमा व नागासाकी में नाभिकीय शस्त्रों का इस्तेमाल युद्ध को समाप्त करने के अलावा अमरीका के राष्ट्रपति द्वारा मैनहैटन प्रकल्प की सफलता व नाभिकीय शस्त्रों की भयानक विध्वंसक क्षमता का प्रदर्शन के उद्देश्य से किया गया था। सर्वश्रेष्ठ वैज्ञानिक क्षमता व असीमित संसाधनों को लगा कर मैनहैटन प्रकल्प हिटलर द्वारा द्वितीय विश्व युद्ध में नाभिकीय शस्त्र बना लेने के खतरे से निपटने के लिए शुरू किया गया था। हिटलर तो बम बना नहीं पाया। अमरीका के राष्ट्रपति ने दो बम - एक यूरेनियम का तथा दूसरा प्लूटोनियम का - गिरा कर प्रकल्प की सफलता सिद्ध की। जापान तो आत्मसमर्पण की तैयारी कर रहा था। उस पर यह अमानवीय कार्यवाही करने की कोई आवश्यकता नहीं थी।

परमाणु बम की विभीषिका इतनी भयावह थी कि जब अगले वर्ष संयुक्त राष्ट्र की स्थापना हुई तो सामान्य सभा के पहले सत्र में जो पहला प्रस्ताव 24 जनवरी, 1946, को स्वीकार किया गया वह था परमाणु बमों व उसके किस्म की व्यापक विनाश की क्षमता रखने वाले शस्त्रों को समाप्त करना।

हिरोशिमा व नागासाकी के बाद नाभिकीय शस्त्रों का कभी किसी युद्ध में इस्तेमाल नहीं हुआ। अमरीका-विएतनाम, इंग्लैण्ड-अर्जेण्टीना, सोवियत संघ-अफगानिस्तान, फ्रांस-अल्जीरिया, अमरीका-अफगानिस्तान, अमरीका-ईराक व भारत-पाकिस्तान, जैसे कई टकराव की परिस्थितियां उत्पन्न हुईं जहां इन शस्त्रों का उपयोग हो सकता था किन्तु नाभिकीय शस्त्र सम्पन्न राष्ट्र इसके उपयोग से कतराए क्योंकि उन्हें उसकी त्रासदी व राजनीतिक परिणामों का अहसास था। अमरीका ने विएतमान से युद्ध में मात खाना स्वीकार किया किन्तु बम का प्रयोग नहीं किया। इस युद्ध के खिलाफ तो अमरीका के अंदर ही इतना विरोध खड़ा हो गया था उसके लिए नाभिकीय शस्त्र का उपयोग बहुत मुश्किल था।

नाभिकीय शस्त्र असल में युद्ध का हथियार है ही नहीं, यह तो सर्वनाश का हथियार है। भारतीय नौसेना के भूतपूर्व अध्यक्ष एडमिरल एल. रामदास इसकी सैन्य उपयोगिता 'शून्य' बताते हैं। जब भारत ने बम का परीक्षण किया तो एक ऐसा संदेश दिया गया कि चूंकि भारत ने 'अंतिम' शस्त्र बना लिया वह अजेय बन गया है और अब उसे सुरक्षा के लिए चिंतित होने की आवश्यकता नहीं है। किन्तु कारगिल युद्ध में यह एहसास झूठा सिद्ध हुआ और युद्ध लड़ने के लिए भारत को अंतर्राष्ट्रीय बाजार

से जाकर वही सारे पारम्परिक हथियार खरीदने पड़े जो नाभिकीय शस्त्र से कम क्षमतावान माने गए थे। भारत का नाभिकीय शस्त्र धरा का धरा रह गया। नीचे दी गई तालिका से स्पष्ट है कि नाभिकीय शस्त्र सम्पन्न देशों का रक्षा बजट भी बहुत बड़ा होता है। नाभिकीय शस्त्र बनाने के बाद भारत का रक्षा बजट दोगुणा हो गया है (जोन्स, 2005)। अतः नाभिकीय शस्त्रों से ऐसी कोई सुरक्षा नहीं प्राप्त होती कि हम पारम्परिक रक्षा बजट में कोई कटौती कर सकें।

तालिका 1: नाभिकीय शस्त्र सम्पन्न देशों के रक्षा बजट व नाभिकीय शस्त्रों की संख्या

देश	रक्षा बजट, पर्चेज़िंग पॉवर पैरिटी डॉलर (वास्तविक खर्च), अरब डॉलर में	तैयारी अवस्था में नाभिकीय शस्त्र (कुल क्षमता)
अमरीका	528.7 (528.7)	5,045 (10,000)
चीन	188.2 (49.5) अनुमानित	145
भारत	114.3 (23.9) सैन्य नाभिकीय गतिविधियों को छोड़कर	50
रूस	82.8 (34.7) अनुमानित	5,614 (15,000)
इंग्लैण्ड	51.4 (59.2)	160 (195)
फ्रांस	46.6 (53.1)	348
पाकिस्तान	15.6 (4.6)	60
इज़राइल	(11.4) 2 अरब डॉलर की वार्षिक अमरीकी सहायता शामिल है	100

स्रोतः एस.आई.पी.आर.आई. ईयरबुक, 2007

नाभिकीय शस्त्रों के आधार पर झूठी प्रतिष्ठा किसी काम की नहीं होती सोवियत संघ इसका सबसे अच्छा उदाहरण है। इन शस्त्रों की वजह से सोवियत संघ की अर्थव्यवस्था इतनी खोखली हो चुकी थी कि अंततः उसका विघटन हो गया। राष्ट्रों को अपने रक्षा व सामाजिक क्षेत्र पर खर्च के बीच संतुलन बनाना पड़ता है। नीचे दी गई तालिका से यह स्पष्ट है कि उच्च और मध्यम आय वाले देश रक्षा बजट के ऊपर शिक्षा व स्वास्थ्य को प्राथमिकता देते हैं जबकि निम्न आय वाले देश स्वास्थ्य के मुताबिक रक्षा पर ज्यादा खर्च करते हैं। नाभिकीय शस्त्र सम्पन्न देशों में निम्न आय वाले भारत व पाकिस्तान हैं (जिनकी 2005 में सकल घरेलू प्रति व्यक्ति आय 876 डॉलर से कम रही)। मध्यम आय वालों (जिनकी सकल घरेलू प्रति व्यक्ति आय 876 से 10,725 डॉलर के बीच रही) में चीन व रूस और उच्च आय वालों (जिनकी सकल घरेलू प्रति व्यक्ति आय 10,725 डॉलर से ज्यादा रही) फ्रांस, इज़राइल, इंग्लैण्ड व अमरीका शामिल हैं।

तालिका 2: राष्ट्रों का सैन्य व सामाजिक खर्च, 1999-2003 का औसत। आंकड़े प्रत्येक देश के सकल घरेलू उत्पाद के प्रतिशत का औसत है।

आय वर्ग	सैन्य	शिक्षा	स्वास्थ्य
निम्न आय वाले देश	2.5	3.8	2.1
मध्यम आय वाले देश	1.9	4.7	3.4
उच्च आय वाले देश	2.0	5.6	6.1

स्रोतः एस.आई.पी.आर.आई. ईयरबुक, 2007

नाभिकीय शस्त्र असल में देश की असुरक्षा बढ़ाते हैं और दुनिया में उस पर खतरों की आशंका बढ़ा देते हैं।

भ्रम : नाभिकीय शस्त्र होने से दुश्मन हमला करने से डरेगा।

हकीकत : यह सोच ऐसा मानती है कि अपनी ताकत को इस्तेमाल करने की क्षमता से दुश्मन ताकत का इस्तेमाल नहीं करेगा। इस सोच में इस बात की गुञ्जाइश नहीं मानी गई है कि किसी दुर्घटना या अतार्किक वजह से भी नाभिकीय शस्त्रों का इस्तेमाल हो सकता है। यह सोच अंतर्विरोध से ग्रसित है। हमारी शस्त्र को इस्तेमाल करने की तैयारी से हम दुश्मन को शस्त्र का इस्तेमाल करने से रोकते हैं। इस समीकरण में अपनी तैयारी को और मजबूत करते जाना और उसको सार्वजनिक करना हमारी मजबूरी हो जाती है जिसकी प्रतिक्रिया दूसरी तरफ से भी होती है। इस अनिश्चित 'आतंक के संतुलन', जो इस सोच का आधार है, से स्थिति और संवेदनशील बनती है। यह कहने की जरूरत नहीं कि किसी गलत निर्णय से स्थिति नियंत्रण के बाहर भी जा सकती है।

यह हमने देखा है कि नाभिकीय शस्त्र बना लेने के बाद भी पारम्परिक हथियारों की आवश्यकता समाप्त नहीं होती और नाभिकीय शस्त्र से डर के कारण युद्ध भी नहीं रुकते हैं। कुछ लोग यह कह सकते हैं कि नाभिकीय शस्त्र होने से नाभिकीय युद्ध नहीं होते, लेकिन यह खोखला तर्क है। सभी देश अपने नाभिकीय शस्त्र त्याग दें तो वह परिस्थिति नाभिकीय युद्ध न होने की ज्यादा सुरक्षित गारण्टी है।

किसी दुश्मन को अपने शस्त्रों से डराने के लिए न सिर्फ नाभिकीय शस्त्र होना जरूरी है बल्कि हमारी उन्हें इस्तेमाल करने की तैयारी भी होनी चाहिए। इससे दुर्घटना का खतरा बढ़ जाता है। इसलिए इन शस्त्रों के इस्तेमाल हेतु एक चुस्त-दुरुस्त निरीक्षण व नियंत्रण की व्यवस्था होनी चाहिए। इतिहास में कई बार ऐसा हुआ है कि गलत संदेश या चेतावनी की वजह से नाभिकीय शस्त्रों का इस्तेमाल होते-होते बचा। यह मात्र हमारा सौभाग्य ही रहा कि हम नाभिकीय सर्वनाश से बच गए। कई दुर्घटनाएं नाभिकीय शस्त्रों को एक जगह से दूसरी जगह ले जाते हुए हुई हैं। परिशिष्ट 12 में ऐसी कुछ दुर्घटनाओं का जिक्र है।

इतिहास ने दिखाया है कि 'न्यूनतम भरोसेमंद नाभिकीय सुरक्षा' की बात करते हुए भी देशों ने अंधाधुंध नाभिकीय शस्त्रों का संग्रह किया है। उदाहरण के लिए अमरीका का काम 1,300 नाभिकीय शस्त्रों से चल सकता है जिससे 1.1 से 1.7 करोड़ लोगों का नरसंहार हो सकता है जो रूस को कोई हमला करने से रोकने के लिए काफी है। लेकिन उसने अपने शस्त्रों को कम करने के बाद अभी भी इससे कई गुणा अधिक शस्त्र रखे हुए हैं। किसी दुश्मन को कितना नुकसान पहुंचाने की क्षमता को पर्याप्त माना जाएगा इस प्रश्न के कई निहितार्थ हैं जिनमें से कुछ नैतिक भी हैं। नाभिकीय हमले में सेना और नागरिकों में भेद नहीं किया जा सकता है। नीचे दी गई तालिका में भारत और पाकिस्तान के पांच बड़े शहरों पर हिरोशिमा पर गिराए गए बम जैसे बम से होने वाले नुकसान का अंदाजा लगाया गया है।

तालिका 3ः हिरोशिमा पर गिराए गए बम के आकार का बम भारत व पाकिस्तान के दस शहरों पर गिराए जाने से हाने वाले सम्भावित नुकसान का आंकलन

शहर	बम गिरने की जगह से 5 कि.मी. के दायरे में आबादी	संख्या जिनकी मृत्यु होने की आशंका होगी	संख्या जिनकी गम्भीर रूप से घायल होने की आशंका होगी
मुम्बई	31,43,284	4,77,713	2,28,648
चेन्नई	32,52,628	3,64,291	1,96,226
कोलकाता	35,20,344	3,57,202	1,98,218
बंगलूरू	30,77,937	3,14,978	1,75,136
दिल्ली	16,38,744	1,76,518	94,231
फैसलाबाद	23,76,478	3,36239	1,74,351
लाहौर	26,82,092	2,58,139	1,49,649
करांची	19,62,458	2,39,643	1,26,810
रावलपिण्डी	15,89,828	1,83,791	96,846
इस्लामाबाद	7,98,583	1,54,067	66,744

स्रोतः मैकिञ्जी, मियां, नैयर व रमणा, 2001

कारगिल युद्ध से यह साबित हो गया कि नाभिकीय शस्त्रों का आतंक युद्ध रोक पाने में अक्षम है। दुनिया के इतिहास में कारगिल पहला ऐसा युद्ध था जिसमें आमने-सामने दोनों दुश्मनों के पास नाभिकीय शस्त्र थे। हिन्दुस्तान और पाकिस्तान के आम लोगों के दृष्टिकोण से यह परिस्थिति कितनी खतरनाक थी?

यह भ्रम कि नाभिकीय शस्त्र होने से दुश्मन हमला करने से निरुत्साहित होगा कारगिल युद्ध से टूट गया। पाकिस्तानी सेना बिना किसी डर के भारतीय सीमा में

प्रवेश कर गई। बल्कि उन्हें इस बात का भरोसा था कि पाकिस्तान के पास भी बम होने से भारत अपनी पूरी मारक क्षमता का इस्तेमाल करने से बचेगा। नाभिकीय शस्त्रों का तर्क वाकई में काफी विकृत हो सकता है। परन्तु एक चीज तो तय है कि किसी देश की सुरक्षा नाभिकीय शस्त्रों की वजह से नहीं बढ़ती। बल्कि उनके रक्षा खर्च बढ़ जाते हैं और उन्हें अपने विकास व कल्याणकारी कार्यक्रमों, जैसे, शिक्षा, स्वास्थ्य, रोजगार के अवसर उत्पन्न कराना या ग्रामीण विकास, में कटौती करनी पड़ती है।

हमें यह भी याद रखना चाहिए कि नाभिकीय शस्त्र के आतंक से कोई हमारे ऊपर हमला नहीं करेगा यह सिद्धांत दूसरे देश तो मान सकते हैं किन्तु किसी गैर-राज्य संगठन के लिए इसे मानना जरूरी नहीं है।

भ्रम : नाभिकीय शस्त्र सम्पन्न होने का अर्थ है अजेय हो जाना।

हकीकत : 1945 से परिस्थितियां बदल चुकी हैं जब पहली बार नाभिकीय शस्त्र का इस्तेमाल हुआ। तब सिर्फ एक ही देश के पास नाभिकीय शस्त्र था। आज अधिकारिक तौर पर आठ देशों के पास यह शस्त्र हैं और मोहमद अल बरदेई, भूतपूर्व निदेशक, अंतर्राष्ट्रीय परमाणु ऊर्जा अभिकरण, की बात मानें तो 20-30 ऐसे देश हैं जो अल्प अवधि में नाभिकीय शस्त्र बनाने की क्षमता हासिल कर सकते हैं। यदि 50 किलोटन क्षमता निम्न ऊर्जा, जिसकी तुलना हिरोशिमा पर गिराए बम से की जा सकती है, के 50 बम किसी युद्ध में इस्तेमाल होते हैं तो द्वितीय विश्व युद्ध में मरने वालों की संख्या के आधे लोग तो मर ही जाएंगे। इसके अलावा अप्रत्यक्ष परिणाम, जैसे, तापमान पर प्रभाव, वर्षा की दर, मौसम की अवधि कृषि उत्पादन को प्रभावित करने की क्षमता रखते हैं जिससे और अधिक लोग शिकार होंगे। एक उच्च ऊर्जा वाले बम से होने वाले नुकसान की तुलना में धुएं के उत्सर्जन से प्रति किलोटन विस्फोटक सामग्री से करीब सौ गुणा लोग और शिकार होंगे (टून, रोबॉक, टुरको, बारडीन, ओमान व स्टेनचिकोव, 2007)। मौसम में होने वाले बदलावों के दुष्प्रभाव से तो हमला करने वाले देश के नागरिक भी नहीं बच पाएंगे। अतः एक नाभिकीय युद्ध में विजय का कोई अर्थ नहीं है। सोवियत संघ के भूतपूर्व प्रधान मंत्री निकिता खुर्शचेव ने कहा था कि एक नाभिकीय युद्ध के बाद जिन्दा लोग मरों से ईर्ष्या करेंगे।

भ्रम : नाभिकीय शस्त्र से एक सीमित युद्ध हो सकता है।

हकीकत : हालांकि देश न्यूनतम भरोसेमंद नाभिकीय क्षमता की बात करते रहे हैं किन्तु किसी ने इसे गुणात्मक या मात्रात्मक अर्थ में परिभाषित करने की कोशिश नहीं की है। हमने देखा कि शीत युद्ध में किस तरह अमरीका व सोवियत संघ के बीच नाभिकीय शस्त्रों की होड़ लगी हुई थी। उन्होंने एक दूसरे को भयभीत करने लायक से कई गुणा ज्यादा संख्या में इन शस्त्रों का निर्माण कर लिया।

इसी तरह अब भारत का अमरीका से समझौता हो जाने के बाद जब भारत अपने बमों की संख्या में इज़ाफा करेगा तब पाकिस्तान के ऊपर दबाव बनेगा कि वह भी अपने बमों की संख्या बढ़ाए। एक अध्ययन में यह साबित किया गया है कि यदि आज भारतीय सेना सिर्फ जमीनी टुकड़ियों व टैंकों, आदि, से पाकिस्तान पर हमला करती है तो पाकिस्तान को भारतीय सेना को रोकने के लिए ही अपने सभी बम खर्च कर देने पड़ेंगे। टैंको के बीच की दूरी के अनुसार एक हजार टैंकों को ही ध्वस्त करने में तात्कालिक उद्‌देश्य की पूर्ति के लिए 13 से 83 बम लगेंगे। 2006 में भारत ने पाकिस्तानी सीमा से सटे एक सैन्य अभ्यास किया था जिसका उद्‌देश्य एक ऐसे तेज व निर्णायक हमले की तैयारी थी कि पाकिस्तान को नाभिकीय जवाब देने का मौका ही न मिले। पाकिस्तान अपने सारे बम युद्ध क्षेत्र में समाप्त हो जाने का शायद इंतजार नहीं करेगा। पाकिस्तानी सेना के बड़े जनरल खालिद किदवई ने उन परिस्थितयों को गिनाया था जिनमें पाकिस्तान भारत पर नाभिकीय शस्त्र का इस्तेमाल कर सकता हैः यदि भारत हमला करके पाकिस्तान के एक बड़े भू-भाग पर कब्जा कर लेता है, भारत पाकिस्तानी सेना के एक बड़े हिस्से जिसमें नाभिकीय शस्त्र भी शामिल हो सकते हैं को क्षति पहुंचाता है, भारत पाकिस्तान की आर्थिक घेरेबंदी करता है, या भारत पाकिस्तान के अंदर राजनीतिक अस्थिरता अथवा विद्रोह जैसी स्थिति पैदा करता है। यह कहना बहुत मुंश्किल है कि कब युद्ध में पारम्परिक हथियारों से तात्कालिक उद्‌देश्य की पूर्ति हेतु नाभिकीय शस्त्रों का इस्तेमाल होने लगे और कब तात्कालिक उद्‌देश्य की पूर्ति से व्यापक क्षति पहुंचाने के उद्‌देश्य से नाभिकीय शस्त्रों का इस्तेमाल शुरू हो जाए। यदि नाभिकीय शस्त्रों का इस्तेमाल होता है तो इस बात की कोई गारण्टी नहीं कि स्थिति नियंत्रण के बाहर न चली जाए और बड़े पैमाने पर तबाही न हो।

शायद नाभिकीय शस्त्रों की अनुपयोगिता का एहसास करके ही अमरीका और पहले सोवियत संघ फिर बाद में रूस ने ज्यादातर तात्कालिक उपयोग हेतु बने नाभिकीय शस्त्रों को त्याग दिया है। 1986 में रेइकजाविक में सोवियत संघ के मुखिया मिखाईल गोर्बाचोव व अमरीकी राष्ट्रपति रोनाल्ड रीगन संपूर्ण नाभिकीय निशस्त्रीकरण पर फैसले के काफी नजदीक पहुंच गए थे। किन्तु विश्वास के अभाव में वह महत्वपूर्ण फैसला न हो सका। 1991 में अमरीका ने ऐलान किया कि वह कम दूरी वाले प्रक्षेपास्त्रों में इस्तेमाल होने वाले नाभिकीय शस्त्र समाप्त करेगा तथा तात्कालिक उपयोग के लिए विकसित नाभिकीय शस्त्रों को जो समुद्र या जमीन पर तैयारी की अवस्था में हैं उन्हें हटा लेगा। जवाब में सोवियत संघ ने भी अपने नाभिकीय शस्त्रों के जखीरे में कटौती की घोषणा की। सोवित संघ ने 1992 से 1997 के बीच अपने 6000 नाभिकीय शस्त्र समाप्त किए तो अमरीका ने अपने शस्त्रों की संख्या 18,290 से घटा कर 12,500 की। उसके बाद से अमरीका ने 2500 शस्त्र और समाप्त किए हैं (जस्ट सिक्योरिटी, 2007)।

भ्रम : नाभिकीय हमले से बचाव किया जा सकता है।

हकीकत : यदि नाभिकीय शस्त्र का इस्तेमाल होता है तो उससे बचाव का कोई तरीका नहीं है। गैर सरकारी वैज्ञानिकों ने घनी आबादी वाले शहर पर नाभिकीय शस्त्र के इस्तेमाल के परिणाम का अध्ययन किया है (रमणा, 1999)। 10-20 किलोटन के नाभिकीय शस्त्र गिरने पर 1.5 कि.मी. के दायरे में और 200 किलोटन के शस्त्र गिरने पर 3.5 कि.मी. के दायरे में लोगों के पास पूरे वेग, ताप व विकिरण से बचाव का कोई चारा ही नहीं रहेगा। वे बहुत सौभाग्यशाली होंगे यदि वे जिन्दा बच जाते हैं। उपर्युक्त क्षेत्र से बाहर जो लोग हैं उन्हें यदि तत्काल बचाव की जगह मिल जाती है अथवा उन्हें इलाके से बाहर निकाल लिया जाता है तो उनके बचने की सम्भावनाएं बढ़ जाती हैं। किन्तु घनी आबादी वाले इलाके में ऐसा हो पाएगा इसकी सम्भावना कम ही है।

नाभिकीय दुर्घटना से बचने के लिए पहले तो लोगों को ऐसी दुर्घटना के सम्बंध में पर्याप्त तथ्यात्मक समझदारी होनी चाहिए और सरकारी बचाव व्यवस्था में भरोसा। किन्तु अनुभव यह दिखाता है कि विकसित देशों में भी लोग चेतावनी को गम्भीरता से नहीं लेते और गरीब देशों में तो लोगों को नाभिकीय दुर्घटना के खतरों के बारे में कोई जानकारी ही नहीं है। नाभिकीय गतिविधियों में जो गोपनीयता बरती जाती है और सरकार द्वारा विकिरण के खतरों को एकदम मानने से इंकार कर देने से इसकी सम्भावना कम ही है कि लोगों को विकिरण के प्रभावों के विषय में सही जानकारी मिल पाएगी।

सरकारें लोगों को नाभिकीय खतरों से बचाने के लिए गम्भीर नहीं हैं और समस्या की विकरालता को समझते हुए उन्होंने अपनी जिम्मेदारी धीरे-धीरे त्याग दी है। ज्यादातर सरकारों ने नाभिकीय हमले की स्थिति में राजनीतिक या सैनिक नेतृत्व के बचाव की योजना बनाई है और आम नागरिकों को उनके भरोसे ही छोड़ दिया है (राजारमण, मियां व नैयर, 2004)।

बड़े देशों जैसे अमरीका, रूस व इंग्लैण्ड ने नाभिकीय हमले की परिस्थिति में नागरिक बचाव के तरीकों पर सोचना ही छोड़ दिया है। स्वीडन व स्विट्ज़रलैण्ड ने बचाव हेतु कुछ पनाहघर बनाए हैं किन्तु वे भी पूरी आबादी के लिए पर्याप्त नहीं होंगे अथवा लम्बे समय तक इनमें लोगों की मौलिक आवश्यकताओं – भोजन, पानी, शौच, आदि, की पूर्ति नहीं की जा सकती। पूरी आबादी के लिए बचाव का कोई भरोसेमंद उपाय देना सम्भव नहीं लगता।

सरकारों के प्राकृतिक आपदाओं के समय लोगों की जान व माल की सुरक्षा ठीक से न कर पाने के इतिहास को देखें तो लोगों को सरकारों से नाभिकीय हमले के समय किसी किस्म मदद की उम्मीद छोड़ देनी चाहिए।

भ्रम : नाभिकीय शस्त्रों को हासिल करने से वैश्विक समुदाय में प्रतिष्ठा बढ़ती है।

हकीकत : नाभिकीय शस्त्र सम्पन्न राष्ट्रों में कोई एक समानता है तो वह है लोकतंत्र व अपने लोगों के प्रति तिरस्कार की भावना (मियां, 2006)। अमरीका में नाभिकीय युद्ध की तैयारियों को प्रभावित करने में संसद असहाय महसूस करती है तथा राष्ट्रपति को प्रक्रिया की बहुत सतही जानकारी होती है (नैचुरल रिसोर्सेज़ डिफेन्स काऊंसिल, 2001)। ज्यादातर देशों में सुरक्षा के नाम पर गोपनीयता को जायज ठहराया जाता है। कोई भी नाभिकीय शस्त्र सम्पन्न देश अपने नाभिकीय कार्यक्रम से सम्बंधित जानकारी अपने नागरिकों को नहीं देता। हाल का ही उदाहरण देखें तो भारत-अमरीका नाभिकीय समझौता बिना भारत की संसद की स्वीकृति के स्वीकार हो गया जबकि भारत अपने को दुनिया का सबसे बड़ा लोकतंत्र होने का दावा करता है। संयुक्त राष्ट्र संघ की सामान्य सभा के पहले प्रस्ताव के रूप में नाभिकीय निशस्त्रीकरण के महत्व को रेखांकित करने के अलावा 1961 में संयुक्त राष्ट्र संघ में यह घोषणा हुई कि 'कोई भी देश यदि नाभिकीय शस्त्रों या ताप-नाभिकीय शस्त्रों का इस्तेमाल करता है तो इसे संयुक्त राष्ट्र की संहिता का उल्लंघन, मानवता के कानूनों का हनन और मावन जाति व सभ्यता के खिलाफ अपराध माना जाएगा।' इसलिए नाभिकीय शस्त्र धारण करना कोई प्रतिष्ठा की बात नहीं हो सकती। लेकिन दुर्भाग्य से नाभिकीय शस्त्रों के होने से एक वर्चस्व तो कायम होता ही है। हालांकि यह एक नकारात्मक अर्थ में है लेकिन कई देश इस वर्चस्व को हासिल करने की महत्वाकांक्षा रखते हैं।

कई ऐसे देश हैं जिन्होंने नाभिकीय शस्त्र बनाने की कोशिश की, जैसे उत्तर कोरिया, ईराक व ईरान, जिनका दुनिया के देशों ने बहिष्कार किया व इन्हें असामाजिक राष्ट्रों की श्रेणी में रखा गया। चूंकि ये नाभिकीय शस्त्र बनाने की होड़ में लगे थे दुनिया में इनके बारें में लोगों की राय बहुत अच्छी नहीं थी। पाकिस्तानी वैज्ञानिक ए. क्यू. खान, जिन्होंने पाकिस्तान के लिए नाभिकीय शस्त्र हासिल करने में महत्वपूर्ण भूमिका निभाई आज अपने घर में नजरबंद हैं क्योंकि उनके ऊपर नाभिकीय सामग्री का काला बाजार चलाने का आरोप है। अतः नाभिकीय शस्त्रों के साथ हमेशा प्रतिष्ठा ही नहीं जुड़ी होती।

दूसरी तरफ जापान, जर्मनी, स्वीडन, नार्वे, स्विट्जरलैण्ड, आदि, जैसे मुल्क हैं जिन्होंने अन्य क्षेत्रों, जैसे, आर्थिक, वैज्ञानिक, प्रौद्योगिकी विकास, में उपलब्धियां हासिल कर दुनिया में अपने लिए प्रतिष्ठा अर्जित की है। ये ऐसे देश हैं जिन्होंने समझदारी के साथ नाभिकीय शस्त्र न बनाने का फैसला किया है अथवा नाभिकीय शस्त्र कार्यक्रम को तिलांजलि दे दी है। वहीं भारत और पाकिस्तान, नाभिकीय शस्त्र सम्पन्न राष्ट्रों के विशिष्ट समूह में शामिल जरूर हों किन्तु वे सामाजिक मानकों पर दुनिया में बहुत पीछे चल रहे हैं। 2006 की संयुक्त राष्ट्र विकास कार्यक्रम के मानव विकास सूचकांक पर दुनिया के 177 देशों में भारत का 126 वां व पाकिस्तान का 134 वां स्थान है। तालिका में कुछ सामाजिक-आर्थिक मानकों पर दोनों देशों का

दुनिया के 177 देशों में स्थान दिया गया है।

तालिका 4: कुछ सामाजिक-आर्थिक मानकों पर भारत व पाकिस्तान का दुनिया में स्थान।

देश	मानव विकास सूचकांक	जन्म के समय जीवन की उम्मीद (वर्ष)	विद्यालय-कालेज में दाखिला (%)	सकल घरेलू उत्पाद प्रति व्यक्ति, (डॉलर में)
भारत	126	121 (63.6)	127 (62.0)	114 (3,139)
पाकिस्तान	134	123 (63.4)	158 (38.4)	124 (2,225)

स्रोतः मानव विकास रपट, 2006, संयुक्त राष्ट्र विकास कार्यक्रम

भ्रम : हथियारों को कम या समाप्त करने से देश की सुरक्षा खतरे में पड़ जाएगी।

हकीकत : यह तर्क दिया जा सकता है कि अमरीका और सोवियत संघ के पास अपनी जरूरत से कहीं अधिक नाभिकीय शस्त्र थे इसलिए उन्हें उनकी संख्या कम करने में कोई दिक्कत महसूस नहीं हुई। बल्कि रूस के लिए शीत युद्ध समाप्त हो जाने के बाद नाभिकीय शस्त्र रखना तो एक बोझ हो गया है किन्तु फिर भी उसने इतने शस्त्र रखे हुए हैं कि दुनिया के किसी भी देश के लिए वह खतरा हो सकता है। अमरीका व रूस को मिलाकर दोनों के पास करीब 25,000 नाभिकीय शस्त्र हैं जबकि शेष देशों के पास कुल मिलाकर करीब 1000 हैं। यदि अमरीका अपने रक्षा बजट में 213 अरब डॉलर की कटौती कर उसे एक तिहाई भी कम करता है तो भी वह दुनिया की सबसे बड़ी सेना बना रहेगा और उसका रक्षा बजट फिर भी दुनिया के अगले सबसे बड़े रक्षा बजट वाले से आठ गुणा ज्यादा होगा (जस्ट सिक्योरिटी, 2007)।

लेकिन नाभिकीय संयम के मामले में जिन देशों ने आदर्श प्रस्तुत किया है वे वह हैं जिन्होंने पूरी समझदारी व स्वेच्छा के साथ 'नाभिकीय शस्त्र मुक्त क्षेत्रों' में शामिल होने का निर्णय लिया है। इन देशों ने परीक्षण न करने, शस्त्र हासिल न करने, निर्माण न करने या न रखने का संकल्प लिया है। दुनिया में ऐसे पांच क्षेत्र हैं। 1967 में ट्लाटेलोल्को संधि के तहत लैटिन अमरीकी व कैरेबिआई देश - एंटीगुआ व बरबुडा, अर्जेण्टीना, बहामास, बारबाडोस, बेलीज़, बोलिविया, ब्राज़ील, चिली, कोलम्बिया, कोस्टा रिका, क्यूबा, डोमिनिका, डोमिनिकन रिपब्लिक, इक्वाडोर, अल सल्वाडोर, ग्रेनाडा, ग्यूटेमाला, गुयाना, हैती, होण्डूयूरस, जमैका, मेक्सिको, निकारागुआ, पनामा, पैरागुए, पेरू, सेण्ट किट्स व नेविस, सेण्ट लूसिआ, सेण्ट विंसेण्ट व ग्रेनाडीन्स, सूरीनाम, ट्रीनिडाड व टोबेगो, उरूगुए और वेनेजुएला। 1985 की रारोटोंगा संधि के तहत दक्षिण प्रशांत के देश - ऑस्ट्रेलिया, कुक आईलैण्ड, फिजी, किरीबाती, नाउरू, न्यूजीलैण्ड, निउए, पपुआ न्यू गिनी, समोआ, सोलोमन

आईलैण्ड, टोंगा, तुवालू व वनुआटू। 1995 की बैंकॉक संधि के तहत दक्षिण पूर्व एशिया के देश - ब्रूनेई दारुसलाम, कम्बोडिया, इण्डोनेशिया, लाओस, मलेशिया, म्यांमार, फिलीपींस, सिंगापुर, थाईलैण्ड व विएतनाम। 1996 की पेलिंडाबा संधि के तहत अफ्रीका के 50 देश - अल्जीरिया, बोत्सवाना, बरकीना फासो, कोटे डी आईवॉयर, इक्वाटोरियल गिनी, गाम्बिया, गिनी, केन्या, लेसोथो, लीबिया, मैडागास्कर, माली, मौरीटानिया, मौरिशस, नाइजीरिया, सेनेगल, दक्षिण अफ्रीका, स्वाज़ीलैण्ड, तंज़ानिया, टोगा, जिम्बाबवे, अंगोला, बेनिन, बुरुण्डी, कैमेरून, केप वर्डे, सेण्ट्रल अफ्रीकन रिपब्लिक, चाड, कॉमोरोस, डेमोक्रेटिक रिपब्लिक ऑफ कौंगो, रिपब्लिक ऑफ कौंगो, जीबूटी, मिश्र, एरीट्रिया, इथियोपिया, गाबोन, घाना, गिनी-बिसाऊ, लाइबेरिया, मलावी, मोरक्को, मोज़मबीक, नामिबिया, नाईजर, रवाण्डा, साओ टोम व प्रिंसीपे, सशील्स, सियरा लिओन, सूडान, ट्यूनीशिया, यूगाण्डा और ज़ाम्बिया। 8 सितम्बर, 2006 को मध्य एशिया के पांच देश अमरीका, फ्रांस व इंग्लैण्ड के विरोध के बावजूद एक संधि के तहत - कजाकिस्तान, किरगिज़स्तान, तजाकिस्तान, तुर्कमेनिस्तान व उज़बेकिस्तान। आखिरी की दो संधियों को मान्यता शेष है। इन देशों के अलावा मंगोलिया ने अपने को एक मुल्क नाभिकीय शस्त्र मुक्त क्षेत्र घोषित कर रखा है।

इससे यह स्पष्ट है कि दुनिया के बहुसंख्यक देश नाभिकीय शस्त्रों के बिना ही अपने को ज्यादा सुरक्षित महसूस करते हैं।

भ्रम : वैश्विक नाभिकीय निशस्त्रीकरण असम्भव है।

हकीकत : दुनिया में तीन देशों को छोड़ कर सभी मुल्कों ने नाभिकीय अप्रसार संधि पर हस्ताक्षर किए हैं जिसकी प्रस्तावना में लिखा है:-

'अंतर्राष्ट्रीय तनाव खत्म करने व राष्ट्रों के बीच विश्वास को मजबूत करने के उद्देश्य से नाभिकीय शस्त्रों के निर्माण पर रोक, भण्डारण किए गए जखीरे को समाप्त करना व राष्ट्रीय शस्त्रागार से नाभिकीय शस्त्रों और उनको लक्ष्य तक पहुंचाने के साधन को समाप्त करना।'

नाभिकीय अप्रसार संधि के अनुच्छेद 6 से सदस्य नाभिकीय शस्त्र सम्पन्न राष्ट्रों से कहा गया है कि 'वे पूरी निष्ठा के साथ बातचीत करें ताकि जल्दी से जल्दी नाभिकीय शस्त्रों की होड़ पर रोक लगे व नाभिकीय निशस्त्रीकरण हासिल किया जा सके।'

अमरीका व सोवियत संघ (अब रूस) ने अपने नाभिकीय शस्त्रों के जखीरे को लगभग आधा कम किया है और पांचों नाभिकीय शस्त्र सम्पन्न राष्ट्रों जिन्होंने नाभिकीय अप्रसार संधि पर हस्ताक्षर किए हैं अब नए शस्त्र बनाने हेतु विघटीय पदार्थ, प्लूटोनियम या उच्च संवर्द्धित यूरेनियम, का उत्पादन नहीं कर रहे (मियां, नैयर, राजारमण व रमणा, 2006)।

ऐसे देश हैं जिन्होंने अपने नाभिकीय शस्त्र पूरी तरह से समाप्त किए। दक्षिण

अफ्रीका ने अपना छोटा सा भण्डार खत्म किया। सोवियत संघ के विघटन के बाद कजाकिस्तान, बेलारूस व यूक्रेन के हिस्से में जो नाभिकीय शस्त्र आए वे उन्होंने नहीं लिए।

अर्जेण्टीना, ब्राज़ील, स्वीडन व स्विट्ज़रलैण्ड किसी न किसी बिन्दु पर नाभिकीय शस्त्र बनाने की कोशिश में लगे थे लेकिन जब उनको इन शस्त्रों की अनुपयोगिता का एहसास हुआ तो उन सभी ने अपने-अपने कार्यक्रम बंद किए।

दुनिया के बहुसंख्यक देश तो वैसे भी नाभिकीय शस्त्र मुक्त क्षेत्र का हिस्सा होने के कारण नाभिकीय शस्त्र न बनाने के लिए संकल्पबद्ध हैं।

अतः ज्यादातर दुनिया तो नाभिकीय निशस्त्रीकरण चाहती है लेकिन नौ देश अभी भी इन शस्त्रों को रखे हुए हैं। ज्यादातर समाज भी हथियार ना रखने में ही सुरक्षित महसूस करता है किन्तु कुछ लोग होते हैं जो ना सिर्फ हथियार रखने में प्रतिष्ठा महसूस करते हैं बल्कि अपने हथियारों का प्रदर्शन भी करते हैं। बहुसंख्यक तो ठीक सोच वाले ही हैं। समाज को खतरा उन थोड़े से लोगों से होता है जो ताकत के बल पर दबंग बनना चाहते हैं। भारत को तय करना है कि वह किस समूह में रहना पसंद करेगा।

जिन लोगों ने नाभिकीय शस्त्रों की त्रासदी झेली है उनका तो मानना है कि मनुष्य व नाभिकीय शस्त्रों का कोई सह-अस्तित्व हो ही नहीं सकता (हिरोशिमा पीस मेमोरियल म्यूज़ियम, 2002)। अमरीका में एक सर्वेक्षण के मुताबिक 70 प्रतिशत लोग वैश्विक नाभिकीय निशस्त्रीकरण के पक्ष में हैं (जस्ट सिक्योरिटी, 2007)। 2005 में दिल्ली से मुल्तान तक निकाली गई एक शांति पदयात्रा में भी हस्ताक्षर अभियान पर लोगों का समर्थन लेते वक्त यह तथ्य सामने आया कि दोनों मुल्कों में आम लोग नाभिकीय निशस्त्रीकरण ही चाहते हैं। कुछ भूतपूर्व शीत युद्ध के कर्णधार भी अब मानने लगे हैं कि वैश्विक स्तर पर नाभिकीय निशस्त्रीकरण होना चाहिए (शुल्ट्ज़, पेरी, किसिंजर, नन, 2007)।

जैसे-जैसे राष्ट्रों को यह समझ में आएगा कि असली सुरक्षा तो लोगों की आर्थिक व सामाजिक तरक्की में है तथा दूसरे मुल्कों के साथ ऐसे सम्बंध बना कर जीने में जिसका आधार विश्वास हो, तो विश्व स्तर पर नाभिकीय शस्त्रों को समाप्त करने की दिशा में प्रगति होगी।

भारत और नाभिकीय शस्त्र

भ्रम : भारत एक शांतिप्रिय राष्ट्र है। उसने दुनिया को अध्यात्म के माध्यम से राह दिखाई है। पाकिस्तान और चीन आक्रामक तेवर वाले राष्ट्र हैं जिनसे सुरक्षा के लिए भारत को मजबूरी में नाभिकीय शस्त्र बनाने पड़े।

हकीकत : एक शांतिपूर्ण देश अपने पड़ोसियों के साथ मैत्री व शांति की बात

करेगा क्योंकि विश्वास पर आधारित सम्बंध के अलावा असली सुरक्षा की कल्पना ही नहीं की जा सकती। शस्त्र के आधार पर सुरक्षा की तलाश करने की प्रक्रिया में और खतरनाक शस्त्रों की जरूरत पड़ती है व दुश्मन के साथ हथियारों की होड़ का कहीं अंत नहीं होता। शांतिप्रिय देश पड़ोसियों को नाभिकीय शस्त्र के इस्तेमाल की धमकी नहीं देते जैसा भारत पाकिस्तान के साथ कर चुका है।

यदि भारत के तर्क को स्वीकार किया जाए तो उसके अनुसार जापान को भी नाभिकीय शस्त्र बना लेने चाहिए थे ताकि दोबारा उसके ऊपर कभी नाभिकीय हमला न हो। किन्तु जापानी समाज ने तय किया कि जैसी त्रासदी उनको 1945 में झेलनी पड़ी वैसी किसी को न झेलनी पड़े इसलिए वे नाभिकीय शस्त्र नहीं बनाएंगे (हिरोशिमा पीस मेमोरियल म्यूज़ियम, 2002)। यह अध्यात्मिक सोच कही जा सकती है। ईंट का जवाब पत्थर से देना आध्यात्मिक सोच की निशानी नहीं है।

भारत की भूमिका तो अन्य नाभिकीय शस्त्र सम्पन्न देशों को समझा बुझा कर नाभिकीय निशस्त्रीकरण के लिए तैयार करना होना चाहिए था न कि उन्हीं के समूह में शामिल हो जाना। खतरनाक शस्त्र शक्ति के आधार पर दुनिया के दबंग देशों की श्रेणी में शामिल होने को जायज नहीं ठहराया जा सकता।

1988 में संयुक्त राष्ट्र की सामान्य सभा को सम्बोधित करते हुए भारत के प्रधान मंत्री राजीव गांधी ने कहा था, 'नाभिकीय शस्त्र से करोड़ों लोग ही नहीं मरेंगे, या अरबों लोग ही नहीं मरेंगे, बल्कि चार अरब जीव मरेंगेः वह पृथ्वी पर जिस रूप में हम जीवन को जानते हैं उसका अंत होगा। हम संयुक्त राष्ट्र से इस पागलपन पर रोक लगाने हेतु समर्थन चाहते हैं।' लेकिन भारत खुद उस पागलपन को रोकने के बजाए उसी में शामिल हो गया। यह बड़ी निराशा की बात रही। भारत ने गुट निर्पेक्ष देशों का नेतृत्व छोड़ कर अमरीका के सहयोगी बनने का फैसला किया है। यह उस आंदोलन के साथ धोखा है जिसमें शक्तिशाली देशों के वर्चस्व को समाप्त कर एक समतामूलक एवं न्यायपूर्ण वैश्विक व्यवस्था के सृजन का सपना देखा गया था। शांति कायम करने के लिए काम करने के बजाए भारत ने नाभिकीय अप्रसार संधि को धता बताते हुए नाभिकीय निशस्त्रीकरण की राह में जो भी प्रगति हुई थी उस पर पानी फेर दिया।

भ्रम : नाभिकीय शस्त्र बनाना एक बड़ी वैज्ञानिक उपलब्धि थी।

हकीकतः भारत ने जो काम अमरीका ने 53 वर्ष पहले कर लिया था व चार अन्य देश कर चुके हैं उसे दोहराया। इसके अलावा हमने देखा कि भारत ने अमरीका व कनाडा से प्रौद्योगिकी व सामग्री का सहयोग प्राप्त कर अपना बम बनाया। आधी शताब्दी बाद किसी काम को दोहराना और वह भी दूसरों से प्रौद्योगिकी व सामग्री की मदद लेकर, क्या उसे वैज्ञानिक उपलब्धि कहा जा सकता है?

तालिका 5: विभिन्न देशों द्वारा प्रथम नाभिकीय व ताप-नाभिकीय परीक्षण की तारीखें

देश	प्रथम नाभिकीय परीक्षण की तिथि	प्रथम ताप-नाभिकीय परीक्षण की तिथि
अमरीका	16 जुलाई, 1945	1 नवम्बर, 1952
सोवियत संघ	29 अगस्त, 1949	12 अगस्त, 1953
इंग्लैण्ड	3 अक्टूबर, 1952	8 नवम्बर, 1957
फ्रांस	13 फरवरी, 1960	24 अगस्त, 1968
चीन	16 अक्टूबर, 1964	17 जून, 1967
भारत	18 मई, 1974	11 मई, 1998
पाकिस्तान	28 मई, 1998	
उत्तर कोरिया	9 अक्टूबर, 2006	

होमी भाभा की पहल पर 1948 में परमाणु ऊर्जा आयोग की स्थापना के समय से ही भारत दावा करता रहा है कि उसने अपना नाभिकीय कार्यक्रम आत्मनिर्भर तरीके से ही विकसित किया है। इंग्लैण्ड ने भारत को पहले नाभिकीय रिएक्टर, अप्सरा, का अभिकल्प व संवर्द्धित यूरेनियम ईंधन उपलब्ध कराया था। साईरस रिएक्टर, जिससे भारत ने 1974 के परीक्षण के लिए प्लूटोनियम जुटाया, कनाडा से प्राप्त हुआ था जबकि उसमें प्रयुक्त होने वाला भारी पानी अमरीका की मदद से मिला था। अमरीका की एक कम्पनी विट्रो इण्टरनेशनल को ट्रॉम्बे में पहले पुनर्संसाधन संयंत्र का नक्शा तैयार करने का ठेका दिया गया था। तारापुर व रावतभाटा में स्थापित पहले नाभिकीय रिएक्टरों की आपूर्ति अमरीका व कनाडा ने की थी। इसके अलावा 1955 से 1974 के बीच करीब 1100 भारतीय वैज्ञानिकों ने विभिन्न अमरीकी संस्थानों में प्रशिक्षण प्राप्त किया (मियां व रमणा, 2005)। जल्दी ही भारत रूस की मदद से अभी तक का अपना सबसे बड़ा नाभिकीय संयंत्र शुरू करने वाला है।

यह भी नैतिक सवाल है कि क्या लाखों लोगों को एक झटके में मारने की क्षमता, जिसमें बचने वालों के लिए भी गम्भीर पीड़ादायक परिणाम होंगे, वैज्ञानिक उपलब्धि मानी जानी चाहिए? यह विज्ञान नहीं, विज्ञान का दुरुपयोग कहा जाएगा।

अहंकार में अंधे हमने नाभिकीय परीक्षण के बाद प्रक्षेपास्त्र, जिनका इस्तेमाल नाभिकीय शस्त्र छोड़ने के लिए होता है, के विशेषज्ञ को भारत का राष्ट्रपति बना कर अपनी नई हासिल हिंसा की शक्ति को गौरवान्वित किया। उन्हें देश के सर्वोच्च सम्मान से भी नवाज़ा गया। यह दर्शाता है कि हम रक्षा क्षेत्र की किसी उपलब्धि को विज्ञान के अन्य क्षेत्रों, जैसे, स्वास्थ्य या कृषि, से ज्यादा महत्वपूर्ण मानते हैं। मात्र

यही तथ्य यह साबित करने के लिए काफी है कि हम शांतिप्रिय राष्ट्र नहीं, बल्कि हिंसा में विश्वास और उसकी पूजा भी करते हैं।

भ्रम : अमरीका ने भारत के साथ नाभिकीय समझौता इसलिए किया है क्योंकि वह भारत को एक जिम्मेदार नाभिकीय शक्ति मानता है।

हकीकत : अमरीका के साथ समझौता परमाणु ऊर्जा विभाग की असफलता व उसके द्वारा संसाधनों के दुरुपयोग की दास्तान है। भारत बिना अमरीका व अन्य नाभिकीय आपूर्तिकर्ता समूह के सदस्य देशों के सहयोग के नाभिकीय ऊर्जा से अपने बिजली उत्पादन का उद्देश्य पूरा नहीं कर सकता। भारत ने अपने शांतिपूर्ण नाभिकीय ऊर्जा अथवा शोध कार्यक्रम का दुरुपयोग कर 1974 में नाभिकीय शस्त्र विकसित किया। अमरीका व कनाडा ने इस परीक्षण के बाद ही भारत के नाभिकीय कार्यक्रम को मदद देना बंद कर दिया और इसके बाद ही नाभिकीय आपूर्तिकर्ता समूह का गठन हुआ जिसने नाभिकीय अप्रसार संधि पर दस्तखत न करने वालों देशों, जिन्होंने 1968 के बाद परीक्षण किया हो, को नाभिकीय प्रौद्योगिकी व सामग्री न बेचने का फैसला किया। हरेक भारतीय नाभिकीय केन्द्र में कोई न कोई दुर्घटना हो चुकी है और भारत संयंत्रों व यूरेनियम खदानों के आस-पास रहने वाली आबादी को गम्भीर खतरों में डाल रहा है। परिशिष्ट 13 में देखें किस तरह यू.सी.आई.एल. सुरक्षा के मूलभत नियमों की भी धज्जियां उड़ाता है। भारत ने लगातार नाभिकीय अप्रसार संधि व व्यापक परीक्षण प्रतिबंध संधि पर हस्ताक्षर करने से मना किया है। भारत को जिम्मेदार नाभिकीय शक्ति नहीं माना जा सकता है। बल्कि जिम्मेदार नाभिकीय शक्ति जैसी अवधारणा ही भ्रामक है। सभी नाभिकीय गतिविधियां गैर जिम्मेदाराना हरकतें हैं व मानवता के विरुद्ध अपराध हैं।

अमरीका ने भारत के नाभिकीय अप्रसार संधि पर हस्ताक्षर न करने को नजरअंदाज करते हुए भारत को नाभिकीय प्रौद्योगिकी सम्पन्न और उसका व्यापार करने वाले विशिष्ट देशों के समूह में प्रवेश दिलाने की वकालत की है। भारत नाभिकीय ऊर्जा से बड़े पैमाने पर बिजली उत्पादन का कार्यक्रम लेना चाह रहा है। बिना ईंधन चक्र से निकलने वाले विकिरण या अन्य खतरनाक तत्वों का जिक्र किए हम नाभिकीय ऊर्जा को जलवायु परिवर्तन के समाधान के रूप में प्रस्तुत कर रहे हैं। इसके अलावा दुनिया के अनुभव से हम देख सकते हैं कि नाभिकीय ऊर्जा कार्यक्रम के विस्तार से नाभिकीय शस्त्र कार्यक्रम को भी बढ़ावा मिलता है क्योंकि दोनों में अंतर्निहित सम्बंध है। अतिरिक्त शस्त्रों के निर्माण का अर्थ होगा दक्षिण एशिया में एक नई शस्त्र होड़। भारत को अमरीका से मिलने वाली मदद की बराबरी करने के लिए पाकिस्तान ने भी प्रयास शुरू कर दिए हैं।

अमरीका भारत के साथ यह समझौता इसलिए चाहता है क्योंकि भारत के पास

बड़ा बाजार है, न सिर्फ नाभिकीय क्षेत्र में बल्कि अन्य क्षेत्रों, जैसे, फुटकर व्यापार, में भी। इसके अलावा चीन से मुकबला करने में भी अमरीका के लिए भारत सहायक हो सकता है। इस दिशा में अमरीका ने भारत की लम्बे समय से सुरक्षा परिषद का सदस्य बनने की महत्वाकांक्षा का दोहन किया है।

नाभिकीय ऊर्जा

भ्रम : नाभिकीय ऊर्जा शांतिपूर्ण कार्यक्रम है।

हकीकत : नाभिकीय ऊर्जा व नाभिकीय शस्त्र के बीच गहरा सम्बंध है। भारत ने कनाडा से शोध के लिए मिले साईरस रिएक्टर से प्राप्त प्लूटोनियम का इस्तेमाल 1974 के नाभिकीय शस्त्र परीक्षण के लिए किया। भारत के सभी नाभिकीय बिजली संयंत्रों में इस्तेमाल किए ईंधन में उपलब्ध प्लूटोनियम का इस्तेमाल शस्त्र बनाने के लिए किया जा सकता है। पाकिस्तान व इज़राइल ने भी अपने नाभिकीय शांतिपूर्ण कार्यक्रमों का इस्तेमाल नाभिकीय शस्त्र निर्माण क्षमता हासिल करने के लिए किया है। अतः नाभिकीय ऊर्जा कार्यक्रम के विस्तार से शस्त्रों में बढ़ोतरी की आशंका भी मजबूत होती है।

भ्रम : नाभिकीय ऊर्जा से हमारी बिजली की जरूरत पूरी हो सकती है।

हकीकत : 1962 में होमी भाभा ने भविष्यवाणी की थी कि 1987 तक भारत नाभिकीय ऊर्जा से 20-25,000 मेगावॉट बिजली उत्पादन की क्षमता हासिल कर लेगा। 1969 में विक्रम साराभाई ने भविष्यवाणी की कि 2000 तक भारत नाभिकीय ऊर्जा से 43,500 मेगावॉट बिजली उत्पादन करेगा। 1984 में परमाणु ऊर्जा विभाग ने इस लक्ष्य का संशोधन कर 2000 तक 10,000 मेगावॉट उत्पादन की बात कही। वर्तमान में नाभिकीय ऊर्जा से बिजली उत्पादन की हमारी स्थापित क्षमता 4780 मेगावॉट है जो कुल बिजली उत्पादन की स्थापित क्षमता का मात्र 3 प्रतिशत है। अतः जैसी कल्पना की गई थी वैसा नहीं हुआ।

भारत का यूरेनियम भण्डार भी खत्म हो रहा है, जो वैसे भी काफी कम गुणवत्ता वाला था। भारत के एकमात्र खनन स्थल झारखण्ड के जादूगोड़ा में पाए जाने वाले अयस्क में प्रारम्भ में सिर्फ 0.067 प्रतिशत यूरेनियम ही था। यानी 1000 टन अयस्क की खुदाई पर सिर्फ 670 किलोग्राम यूरेनियम मिलता था। वर्तमान में सालाना उत्पादन 300 टन से कम है। यदि हम मानें कि रिएक्टर 75 प्रतिशत क्षमता पर काम कर रहे हैं तो उनकी सालाना जरूरत 510 मिट्रिक टन यूरेनियम है। जादूगोड़ा, भाटिन, नरवापहाड़, बगजाता, तुरमडीह व बांडुहुरांग भारत की यूरेनियम जरूरतों को पूरा कर रही हैं। इसके अलावा झारखण्ड में मोहुलडीह, मेघालय में मावथाबाह, आंध्र प्रदेश में कडप्पा जिले में तुम्मालापल्ली, नलगोंडा

जिले में लम्बापुर-पेड्डागट्टू व महबूबनगर जिले में भी खनन की कोशिशें हो रही हैं लेकिन इन सभी जगहों पर सरकार को भारी स्थानीय विरोध झेलना पड़ रहा है। परिशिष्ट 13 में जादूगोड़ा की रपट देखें।

एक वजह कि भारत अमरीका के साथ नाभिकीय समझौते के लिए इच्छुक था वह यह है कि भारत को अपने नाभिकीय ऊर्जा संयंत्रों को चलाने के लिए यूरेनियम चाहिए जो नाभिकीय आपूर्तिकर्ता समूह के सदस्य देश उपलब्ध करा सकते हैं। इसके लिए भारत को अंतर्राष्ट्रीय परमाणु ऊर्जा अभिकरण को अपने नाभिकीय सुविधाओं के निरीक्षण का अधिकार देना पड़ेगा जिसका अभी तक भारत विरोध करता आया है।

यूरेनियम आयात करने का विकल्प है ब्रीडर रिएक्टर जिनका ईंधन प्लूटोनियम या यूरेनियम-233 थोरियम से प्राप्त हो सकता है। लेकिन परमाणु ऊर्जा विभाग की यह 50 वर्ष पुरानी महत्वकांक्षी योजना अभी किसी औद्योगिक स्तरीय ब्रीडर रिएक्टर के रूप में सामने नहीं आ पाई है। इन रिएक्टरों में काफी पूंजीनिवेश की आवश्यकता है, ईंधन खर्चीली पुनर्संसाधन प्रक्रिया से हासिल होता है और इनके रख-रखाव का खर्च काफी है जिससे पैदा होने वाली बिजली की कीमत भी काफी ज्यादा होगी (सुचित्रा व रमणा, 2006)।

भ्रम : नाभिकीय ऊर्जा सस्ती है।

हकीकत : शुरुआती दिनों में वैज्ञानिकों ने एक ऐसा सपना दिखाया कि नाभिकीय ऊर्जा से इतनी सस्ती बिजली मिलेगी कि बिजली के मीटर लगाने की जरूरत ही नहीं रहेगी। यानी कि वह लगभग मुफ्त मिल पाएगी। किन्तु अब वर्षों के अनुभव से यह साबित हो गया है कि नाभिकीय ऊर्जा से बिजली बनाना एक खर्चीला काम है। शुरुआती पूंजीनिवेश व रख-रखाव का खर्च ही काफी है, ऊपर से खतरनाक रेडियोधर्मी कचरे के निपटारे का खर्च अलग से। कुछ विशेष छूट के साथ ही नाभिकीय ऊर्जा संयंत्र कोयला आधारित ताप बिजली घरों से प्रतिस्पर्धा में ठहर सकते हैं, जो शायद हमेशा सम्भव न हो। बिना कचरे के निपटारे के खर्च को शामिल किए भी नाभिकीय बिजली काफी खर्चीली है (रमणा, डी सा व रेड्डी, 2005)। परमाणु ऊर्जा विभाग नाभिकीय विद्युत कार्पोरेशन को कचरे के निपटारे का खर्च स्वयं वहन कर तथा उत्पादन की कीमत से कम पर भारी पानी की आपूर्ति कर सब्सिडी देता है (रमणा, 2007)।

परमाणु ऊर्जा विभाग का खुद का अनुमान है कि कुडनकुलम संयंत्र से रु. 3. 08 प्रति ईकाई की दर पर बिजली पैदा होगी जबकि पास ही में स्थित नेवेली ताप बिजली घर की उत्पादन कीमत रु. 1.74 से रु. 1.66 प्रति ईकाई है (70 से 85 प्रतिशत क्षमता पर)। पवन ऊर्जा से बिजली रु. 2 से रु. 2.50 पर उपलब्ध है (बिदवई व रमणा, 2007)। अमरीका में मैसाचुसेट्स इंस्टीट्यूट ऑफ टेकनॉलोजी के

एक अध्ययन में बताया गया है कि नाभिकीय बिजली की कीमत 6.7 सेण्ट्स प्रति ईकाई, कोयले से 4.2 सेण्ट्स प्रति ईकाई व गैस से 3.8-5.6 सेण्ट्स है। दिल्ली साईंस फोरम की एक रपट बताती है कि देशी नाभिकीय बिजली संयंत्रों से अनुमानित कीमत रु. 3.90 प्रति ईकाई, आयातित रिएक्टरों से रु. 5.50 व कोयला आधारित ताप बिजली संयंत्रों से रु. 2.50 होगी (मुस्तफा, 2007)।

भ्रम : नाभिकीय ऊर्जा साफ-सुथरी है।

हकीकत : पूरे नाभिकीय ईंधन चक्र में खनन से लेकर कचरे के निपटारे तक विकिरण के खतरे के बारे में चिंता करनी पड़ती है। खदान मजदूर, खदान के नजदीक रहने वाले लोग, कर्मचारी व वैज्ञानिक जिनका रेडियोधर्मी पदार्थ से सम्पर्क हो रहा है, नाभिकीय बिजली संयंत्रों के मजदूर व इन बिजली संयंत्रों के आस-पास रहने वाले लोग सभी गम्भीर विकिरण का खतरा झेलते हैं। विकिरण के साथ ही नाभिकीय ईंधन चक्र में अन्य खतरनाक तत्व भी वातावरण में उत्सर्जित होते हैं।

जब यूरेनियम को अयस्क से अलग किया जाता है तो मिल टेलिंग कचरे के रूप में निकलता है। इनमें मौलिब्डेनम, आर्सेनिक व वैनेडियम जैसे खतरनाक भारी धातु व थोरियम-230 और रेडियम-226 जैसे रेडियोधर्मी पदार्थ होते हैं। रेडियम-226 रेडॉन गैस में विघटित होता है जो रेडियोधर्मी पोलोनियम (धातु) में विघटित हो जाता है। यह सांस लेने की प्रक्रिया में धूल के साथ शरीर में प्रवेश कर सकता है। जो ग्रामीण जादूगोड़ा के टेलिंग ताल के नजदीक रहते हैं उनके घर जन्मजात विकृति के साथ बच्चा पैदा होने की सम्भावना तीन गुणा अधिक है (गाडेकर, श्रीकुमार व गाडेकर, तैयार हो रहा है)। जादूगोड़ा की खदान या मिल में काम करने वाले मजदूर की दीर्घ समय की फेफड़े की बिमारी (सिलीकोसिस अथवा फेफड़े का कैंसर) की सम्भावना दस गुणा बढ़ जाती है। संयुक्त राष्ट्र के आंकड़े दिखाते हैं कि भारत में खदान व मिल में काम करने वाले मजदूर को, प्रति ईकाई खनन किए गए यूरेनियम, जो विकिरण मिलता है वह विश्व औसत से दस गुणा ज्यादा होता है (यू.एन.एस.सी.ई.ए.आर., 1993)।

नाभिकीय रिएक्टर सामान्य तौर पर वातावरण में ट्रीशियम, आरगन-41 व आयोडीन-131 उत्सर्जित करते रहते हैं। निम्न स्तर का तरल कचरा भी आस-पास जल स्रोतों में छोड़ दिया जाता है। कोटा के नजदीक स्थित रावतभाटा नाभिकीय बिजली संयंत्र के आस-पास रहने वालों लोगों के अध्ययन से मालूम हुआ कि उनके अंदर जन्मजात विकृतियों, गर्भ से बच्चा गिर जाने, मरे बच्चे पैदा होने, पैदा होने के एक दिन बाद मर जाने, सख्त ट्यूमर, कैंसर रोगियों व कैंसर से मौतों की दरें काफी बढ़ गई हैं (गाडेकर व गाडेकर, 1996)।

भ्रम : रेडियोधर्मी कचरे से कोई खतरा नहीं होता।

हकीकत : आधी शताब्दी के शोध के बाद भी वैज्ञानिक कोई ऐसी विधि नहीं

खोज पाए हैं कि रेडियोधर्मी कचरे को बेअसर बनाया जा सके। इनमें से कुछ तत्व तो हजारों वर्षों तक सक्रिय रहेंगे और स्वास्थ्य व पर्यावरण के लिए खतरा बने रहेंगे। नाभिकीय प्रतिष्ठान मात्र इतनी व्यवस्था करता है कि रेडियोधर्मी कचरा मानव सम्पर्क में न आए किन्तु इसकी भी कोई गारण्टी नहीं है। अमरीका को तो अभी तक रेडियोधर्मी कचरा दफनाने की कोई जगह ही नहीं मिल पाई है।

भ्रम : सुरक्षित स्तर से कम विकिरण घातक नहीं होता।

हकीकत : विकिरण का कोई सुरक्षित स्तर नहीं होता। यह अब माना जाने लगा है कि विकिरण की छोटी सी मात्रा भी कैंसर की सम्भावना को बढ़ाती है। ल्यूकेमिया एक अपवाद है जिसमें विकिरण और खतरे के बाच सीधा सरल रिश्ता नहीं होता। महिलाओं व बच्चों को विकिरण ज्यादा प्रभावित करता है। हालांकि विकिरण के अध्ययन ज्यादातर आदमी को संदर्भ मान कर किए गए हैं। यह महसूस किया गया है कि विकिरण से बचाव के प्रयासों में ज्यादा संवेदनशील वर्गों जैसे औरतें, पिता बनने वाले आदमी, बच्चे, गर्भ में बच्चे को शामिल किया जाए (साईंस एण्ड डेमोक्रेटिक एक्शन, 2007)।

भ्रम : पुनर्संसाधन से इस्तेमाल किए हुए ईंधन का खतरा दूर हो जाता है।

हकीकत : पुनर्संसाधन नाभिकीय रिएक्टर में इस्तेमाल किए गए ईंधन की एक रासायनिक प्रक्रिया है। इस रासायनिक प्रक्रिया में रेडियोधर्मिता कम नहीं होती बल्कि कचरे को कुछ हिस्सों में बांट दिया जाता है। तो बजाए रेडियोधर्मिता इस्तेमाल किए हुए ईंधन तक सीमित रहने के पुनर्संसाधन में ठोस, तरल व गैस के रूप में कई हिस्सों में वातावरण में छोड़ दी जाती है।

पुनर्संसाधन एक खर्चीली प्रक्रिया है। इनमें काफी पूंजीनिवेश होता है। इतना कि कई बार कचरे का पुनर्संसाधन करने के बजाए सीधे उसका निपटारा आसान मालूम पड़ता है। पुनर्संसाधन का खर्च लगभग रु. 26,000 प्रति किलोग्राम इस्तेमाल हुए ईंधन आता है (रमणा व सुचित्रा, 2007)। वर्तमान में परमाणु ऊर्जा विभाग इसका खर्च उत्पादित बिजली की कीमत में जोड़ने के बजाए कर देने वाले लोगों पर डाल देता है।

अमरीका सरकार के ऊर्जा विभाग की पहल ग्लोबल न्यूक्लियर एनर्जी पार्टनरशिप के नाम पर पुनर्संसाधन संयंत्र लगाने के प्रस्ताव में पर्यावरणीय खतरे हैं। इस्तेमाल किए गए ईंधन से सीज़ियम-137 व स्ट्रॉन्शियम-90 को अलग कर उनको सैकड़ों वर्ष तक भण्डारण में रखना जब तक उनकी रेडियोधर्मिता इतनी कम न हो जाए कि उनको निम्न स्तर के कचरे के रूप में जमीन में दफनाया जा सके खतरे से खाली नहीं है। 30 वर्ष से तो अमरीका ने शस्त्रों की संख्या न बढ़े इस नाते पुनर्संसाधन पर रोक लगा रखी है। अब यदि अमरीका पुनर्संसाधन करेगा तो क्या गारण्टी है कि

नए शस्त्र नहीं बनेंगे? अमरीका के ऊर्जा विभाग ने 100 अरब डॉलर के खर्च पर 25 वर्षों में अभी तक हुए पुनर्संसाधन से निकलने वाली एक प्रतिशत रेडियोधर्मिता को दफनाने लायक बनाया है। ग्लोबल न्यूक्लियर एनर्जी पार्टनरशिप के तहत जिस पैमाने पर रेडियोधर्मी कचरा निकलेगा उससे सुरक्षा व आर्थिक दोनों किस्म की चुनौतियां खड़ी होंगी (अल्वारेज़, 2007)। फ्रांस में पुनर्संसाधन उद्योग कामयाब रहा क्योंकि उनकी नीति के अनुसार उन्होंने सीधे निपटारे में जितना कचरा निकलता उससे कम कचरे को लेकर काम किया। किन्तु यह भ्रामक है यदि हम कचरे का हिसाब करें व उसको निपटाने में रेडियोधर्मिता के खतरे का तुलनात्मक आंकलन करें।

भ्रम : भारत के थोरियम भण्डार को देखते हुए यहां फास्ट ब्रीडर रिएक्टर में काफी सम्भावनाएं हैं।

हकीकत : 1950 के दशक में परमाणु ऊर्जा विभाग ने भारत के लिए एक तीन चरण के नाभिकीय कार्यक्रम की संकल्पना की। पहले चरण में मंदक के रूप में भारी पानी के इस्तेमाल व यूरेनियम से चलने वाले रिएक्टर। दूसरे चरण में फास्ट ब्रीडर रिएक्टर जो इस्तेमाल हुए ईंधन से निकाले गए प्लूटोनियम, यूरेनियम व थोरियम, जिससे और प्लूटोनियम व यूरेनियम-233 का उत्पादन हो, से चलते हों। तीसरे चरण में फास्ट ब्रीडर रिएक्टर जो यूरेनियम-233 व थोरियम पर चलते हों। किन्तु ज्यादातर देशों, जिन्होंने फास्ट ब्रीडर के साथ प्रयोग किया, ने अब उसे छोड़ दिया है। ब्रीडर रिएक्टर में दुर्घटना, आग व लम्बे समय तक बंद रहने का खतरा रहता है और यह अन्य रिएक्टरों की तुलना में काफी मंहगे होते हैं (रमणा व सुचित्रा, 2007)। फ्रांस का रिएक्टर सुपरफीनिक्स दस वर्षों में सिर्फ एक वर्ष से भी कम चल पाया। थोरियम ईंधन चक्र के साथ भी समस्याएं हैं क्योंकि इसमें से निकलने वाले कुछ आइसोटोप से उच्च ऊर्जा वाला गामा विकिरण उत्सर्जित होता है। थोरियम के सम्पर्क में जो मजदूर होंगे उन्हें विकिरण की बड़ी मात्रा मिलेगी।

भ्रम : नाभिकीय ऊर्जा सुरक्षित है

हकीकत : भारत के सभी नाभिकीय ऊर्जा संयंत्रों में दुर्घनाएं हो चुकी हैं जिससे वहां मौजूद लोगों के स्वास्थ्य व जीवन को गम्भीर खतरा उत्पन्न हुआ है। नाभिकीय कार्यक्रम का स्वरूप कुछ ऐसा है कि इसमें दुर्घटनाओं को टाला नहीं जा सकता। इस बात की कोई गारण्टी नहीं है कि रिएक्टर तक शीतलक ले जाने वाले पाईप से कोई रिसाव नहीं होगा,. या शीतलक के वाष्पीकरण की परिस्थिति में आपातकालीन शीतलक उपलब्ध हो पाएगा (जैसा थ्री माईल आईलैण्ड में हुआ जहां कोर आंशिक रूप से पिघल गया), या फिर प्रेशर वेसल में दरार नहीं पड़ेगी। ज्यादा सुरक्षा का इंतजाम करने से खर्च व पेचीदगी बढ़ते हैं, उसके बाद भी इस बात की गारण्टी नहीं

रहती कि दुर्घटना नहीं होगी। परिशिष्ट 14 में अभी तक हुई दुर्घटनाओं की एक आंशिक सूची दी गई है।

परमाणु ऊर्जा नियामक बोर्ड, जो नाभिकीय कार्यक्रमों की सुरक्षा के लिए जिम्मेदार है, परमाणु ऊर्जा आयोग का हिस्सा है जिसका प्रमुख परमाणु ऊर्जा विभाग का सचिव होता है। अतः परमाणु ऊर्जा नियामक बोर्ड परमाणु ऊर्जा विभाग से स्वतंत्र कोई भूमिका ले ही नहीं सकता जब तक परमाणु ऊर्जा विभाग खुद जिम्मेदारी स्वीकार करने को तैयार न हो।

भ्रम : नाभिकीय ऊर्जा भविष्य की ऊर्जा है।

हकीकत : जिन विकसित देशों ने नाभिकीय ऊर्जा का इस्तेमाल किया अब वे अपने कार्यक्रम बंद करने की तैयारी में हैं। ज्यादातर देशों, जैसे, अमरीका, इंग्लैण्ड, कनाडा, जर्मनी, ने तो पिछले 25-30 वर्षों से कोई नया नाभिकीय बिजली संयंत्र नहीं लगाया है। फ्रांस, जो वर्तमान में नाभिकीय ऊर्जा से 75 प्रतिशत बिजली का उत्पादन कर रहा है (www.uic.com.au) भविष्य में सिर्फ एक नया संयंत्र स्थापित करने की योजना बना रहा है। जैसे-जैसे उसके पुराने संयंत्रों का जीवन पूरा होगा, बिजली में नाभिकीय ऊर्जा का हिस्सा घटेगा। ऑस्ट्रेलिया, जिसके पास दुनिया में यूरेनियम का सबसे बड़ा भण्डार है, ने अभी तक अपने नाभिकीय कार्यक्रम की शुरुआत भी नहीं की है।

योजना आयोग के एक अध्ययन, समेकित ऊर्जा नीति, 2006, के अनुसार 2015 तक 15,000 मेगावॉट व 2021 तक 29,000 मेगावॉट बिजली उत्पादन क्षमता हासिल कर लेने के बाद भी, नाभिकीय ऊर्जा से बिजली का प्रतिशत कुल स्थापित क्षमता का 7 ही रहेगा। यदि किसी तरह हम 40,000 मेगावॉट तक भी पहुंच जाते हैं तो भी वह कुल क्षमता का 9 प्रतिशत से कम ही होगा। ज्यादा सम्भावना यही है कि हम कुल क्षमता का 3-5 प्रतिशत ही हासिल कर पाएंगे।

अमरीका की एनर्जी इन्फॉरमेशन एडमिनिस्ट्रेशन ने इण्टरनेशनल एनर्जी आऊटलुक 2007, में भविष्यवाणी की है कि 2030 तक गैस से बिजली पैदा करने की क्षमता का विकास सबसे ज्यादा मात्रा में होगा। कोयले की तुलना में गैस से कार्बन उत्सर्जन कम होता है इसलिए वह ग्रीनहाऊस गैस उत्सर्जन कम करने की दृष्टि से भी बेहतर विकल्प है। इस दृष्टिकोण से भारत को अमरीका से ज्यादा प्राथमिकता ईरान के साथ गैस पाईपलाईन वाले समझौते को देनी चाहिए। किन्तु दो-तीन दशक के बाद तो हमारी ऊर्जा सुरक्षा नीति को पुनर्प्राप्य संसाधनों, जैसे, सौर, पवन, बायोमास व माइक्रो हाईडिल पर ही निर्भर होना पड़ेगा। प्रमुख यूरोपीय देश व जापान पुनर्प्राप्य ऊर्जा प्रौद्योगिकी को बड़े पैमाने पर और व्यवसायिक विकास हेतु राज्य का सहयोग प्रदान कर रहे हैं।

भ्रम : ऊर्जा की खपत आर्थिक विकास का पैमाना है।

हकीकत : यह एक भ्रामक धारणा है। विकास बुद्धिमानीपूर्वक ऊर्जा, जो जरूरी

नहीं कि बिजली के रूप में ही हो, के उपयोग पर निर्भर करता है। ऊर्जा खपत व सकल घरेलू उत्पाद का तुलनात्मक अध्ययन करने पर मालूम होता है कि समान ऊर्जा खपत पर, प्रति व्यक्ति, डेनमार्क, तत्कालीन पश्चिमी जर्मनी व स्वीडन का सकल घरेलू उत्पाद इंग्लैण्ड से करीब दोगुणा रहा। इसी तरह ऊर्जा की कमी त्रुटिपूर्ण भविष्यवाणी पर आधारित होती है (फ्रेण्ड्स ऑफ द अर्थ, 1982)।

भ्रम : भविष्य की बिजली की जरूरत को पूरा करने के लिए नाभिकीय ऊर्जा का कोई विकल्प नहीं है।

हकीकत : जबकि 50 वर्षों से ज्यादा के पूंजीनिवेश से हम नाभिकीय ऊर्जा से मात्र 4780 मेगावॉट बिजली उत्पादन की क्षमता विकसित कर पाए हैं, पवन ऊर्जा से सिर्फ एक दशक में बहुत कम पूंजी लगा कर 5382 मेगावॉट बिजली उत्पादन की क्षमता विकसित कर ली गई है। सिर्फ पवन ऊर्जा के क्षेत्र में ही 45,000 मेगावॉट बिजली उत्पादन की क्षमता विकसित किए जाने की सम्भावना है। सौर व बायोगैस भी ऊर्जा की सम्भावनाओं के भरपूर स्रोत हैं। किन्तु सरकार ने पुनर्प्राप्य संसाधनों के ऊर्जा कार्यक्रम को बढ़ावा नहीं दिया है। 2002-03 में परमाणु ऊर्जा विभाग का बजट था रु. 33.5 अरब जबकि गैर पारम्परिक ऊर्जा स्रोत मंत्रालय को रु. 4.7 अरब आवंटित किए गए थे जिसमें सौर, पवन, माइक्रो हाईडेल व बायोमास आधारित ऊर्जा शामिल थी। इन स्रोतों में से कुछ नियमित ऊर्जा प्रदान नहीं कर सकते किन्तु उनके रख-रखाव का खर्च काफी कम है, विकेन्द्रित ढंग से समुदाय आधारित उत्पादन हो सकता है और कोयले या नाभिकीय की तुलना में इनसे पर्यावरण को बहुत कम खतरा है। भारत को नाभिकीय ऊर्जा की तुलना में इन पुनर्प्राप्य ऊर्जा प्रौद्योगिकी पर भरोसा करना चाहिए (सुचित्रा व रमणा, 2006)। हमें नाभिकीय ऊर्जा पर अत्याधिक ध्यान देने से पुनर्प्राप्य विकल्पों को विकसित करने का मौका ही नहीं मिला है।

भ्रम : नाभिकीय ऊर्जा का बड़े पैमाने पर विस्तार सम्भव है।

हकीकत : फास्ट ब्रीडर रिएक्टर की अत्याधिक कीमत की वजह से इसका विस्तार सम्भव नहीं है। भारी पानी आधारित संयंत्र भी कम कीमत पर उत्पादन नहीं कर पा रहे। बाजार ने भी नाभिकीय ऊर्जा के विकास पर अंकुश लगाया है। अब लोग भी इसका विरोध करने लगे हैं जिससे इसका विस्तार और मुश्किल होगा।

भ्रम : नाभिकीय ऊर्जा वैश्विक तापमान वृद्धि का समाधान हो सकता है।

हकीकत : जलवायु परिवर्तन की बहस में जैसा दावा किया जाता है कि नाभिकीय ऊर्जा पर्यावरण की दृष्टि से साफ-सुथरी है वैसी तो सच्चाई नहीं है क्योंकि नाभिकीय ईंधन चक्र में कई रेडियोधर्मी व खतरनाक तत्व निकलते हैं। नाभिकीय ऊर्जा कार्यक्रम में कार्बन के बजाए रेडियोधर्मिता का खतरा है। वैसे भी नाभिकीय

ऊर्जा सभी किस्म के कार्बन उत्सर्जन का हल नहीं दे सकती। उदाहरण के लिए यातायात से तो कार्बन उत्सर्जन होता ही रहेगा। नाभिकीय ऊर्जा कार्यक्रम के विकास की सीमाओं को देखते हुए वह जलवायु परिवर्तन को कम करने में कोई निर्णायक भूमिका अदा नहीं कर सकता। भारत के बिजली उत्पादन में नाभिकीय ऊर्जा का कोई बड़ा हिस्सा नहीं होने वाला और भारत की हाईड्रोकार्बन पर निर्भरता बनी रहेगी। नाभिकीय ऊर्जा से वैश्विक तापमान वद्धि को रोका जा सकता है यह एक भ्रामक प्रचार है क्योंकि ऐसा होने के लिए हरेक हफ्ते एक नाभिकीय ऊर्जा संयंत्र स्थापित होना चाहिए। जलवायु परिवर्तन का जवाब है ऊर्जा खपत के वैकल्पिक तरीके, वैकल्पिक जीवन पद्धति, पुनर्प्राप्य ऊर्जा संसाधनों का उपयोग और बिजली का बेहतर उपयोग। ऊर्जा आपूर्ति में बढ़ोतरी के बजाए ऊर्जा की बचत आसान, सस्ता व जल्दी हासिल किया जा सकने वाला उपाए है जिसका फायदा दीर्घकालिक है। कुछ तरीके जो हम अपना सकते हैं वे हैं भवनों में सौर प्रकाश का उपयोग, बेहतर हवा का बहाव, ताप से प्रभावित न होना, बिजली व पानी बचाना, कागज, शीशे, प्लास्टिक, पैकेजिंग सामग्री का पुनर्उपयोग, यातायात व नियोजन नीति ताकि अनावश्यक यात्राएं न करनी पड़ें, गैर मोटर वाहनों का प्रयोग (फ्रेण्ड्स ऑफ द अर्थ, 1982)।

परिशिष्ट 12

झूठी चेतावनियां व नाभिकीय शस्त्रों को लेकर दुर्घटनाएं

(संदर्भः राजारमण, रमणा व मियां, 2002)

(1) 1962 में क्यूबन प्रक्षेपास्त्र प्रकरण जिसमें अमरीका के रडार पर क्यूबा से प्रक्षेपास्त्र चलने की चेतावनी आई और उसे नियंत्रण केन्द्र भेजा गया। जांच करने पर यह संदेश गलत पाया गया। बाद में पता लगा कि किसी गड़बड़ी के क़ारण यह संदेश आ गया था। यह चेतावनी झूठी थी।

(2) नवम्बर 1979 में अमरीका पर एक भारी हमले की सूचना अमरीका के प्रक्षेपास्त्र चेतावनी तंत्र को मिली। नाभिकीय शस्त्र चलाने की तैयारी हो गई। बाद में पता लगा कि यह सूचना उस कम्प्यूटर से आई थी जिसपर चेतावनी तंत्र का परीक्षण होता है और किसी ने उसको इस्तेमाल करने के बाद बंद नहीं किया था।

(3) जून 1980 में पूर्व चेतावनी तंत्र ने अमरीका पर दो प्रक्षेपास्त्रों से हमले की सूचना दी। राष्ट्रपति का खास जहाज तैयार कर लिया गया। पता लगा कि कम्प्यूटर की खराब चिप के कारण गलत संदेश आ गया था।

(4) 1977 से 1984 तक अमरीका में प्रत्येक वर्ष सम्भावित प्रक्षेपास्त्र हमले की 2598 चेतावनियां आईं।

(5) 1995 में नार्वे द्वारा रूस को रॉकेट परीक्षण की पूर्व सूचना देने के बावजूद रूस के पूर्व चेतावनी तंत्र ने सम्भावित हमले का संदेश दिया। चेतावनी रूस के रक्षा मंत्री के मुख्यालय व सैनिक नेतृत्व को दी गई। रूसी कमाण्डरों से बातचीत कर बोरिस येल्तसिन जवाबी हमले की तैयारी कर चुके थे।

(6) 1950 से 1980 तक अमरीका के नाभिकीय शस्त्रों को लेकर 32 दुर्घटनाएं हो चुकी हैं। ये दुर्घटनाएं ज्यादातर प्रक्षेपास्त्रों के साथ हुई जो नाभिकीय शस्त्रों के वाहक होते हैं। 1960 में न्यू जर्सी के मैक्गुयरे एअर फोर्स बेस पर बोमार्क प्रक्षेपास्त्र में विस्फोट हुआ व उसके ईंधन टैंक में आग लग गई। नाभिकीय शस्त्रों को लेकर जा रहे विमान पालोमेयर्‌स, स्पेन व थूले, ग्रीनलैण्ड में गिर चुके हैं जिससे विस्फोट में प्लूटोनियम चारों ओर फैल गया।

(7) सोवियत संघ में नाभिकीय शस्त्रों को लेकर करीब 25 गम्भीर दुर्घटनाओं की सूचना है। 1977 में एक प्रक्षेपास्त्र से ईंधन का रिसाव हो गया और फिर विस्फोट हुआ।

(8) दक्षिण एशिया में अभी कोई दुर्घटनाओं की खबर नहीं है किन्तु प्रक्षेपास्त्र विकास एवं उत्पादन केन्द्रों, सैनिक छावनी और आयुध डिपो में दुर्घटनाएं हो चुकी हैं। 25 अप्रैल, 2002 में डिफेन्स रिसर्च एण्ड डेवेलपमेण्ट ऑर्गेनाइजेशन का हिस्सा हाई एक्सप्लोसिव मैटिरियल्स रिसर्च लैबोरेटरी, पुणे, में ठोस प्रोपेलेण्ट के संवेदनशील रसायनों में आग लगने से 6 लोग मर गए जिनमें 4 दैनिक मजदूर थे।

परिशिष्ट 13

जादूगोड़ा यात्रा के अनुभव (6 अगस्त, 2000 व 18 फरवरी, 2007)

(1) 6 अगस्त, 2000 के हिरोशिमा दिवस पर करीब 60 विक्लांग बच्चे एक कार्यक्रम में शामिल हुए। इसके बाद यू.सी.आई.एल. की खनन गतिविधियों के खिलाफ आदिवासी रिहाइशी इलाकों से एक जुलूस निकाला गया। आश्चर्य की बात यह रही कि यू.सी.आई.एल. कर्मचारियों के बच्चे भी इस जुलूस में शामिल हो गए और जुलूस में शामिल लोगों की संख्या एक हजार तक पहुंच गई। जब यह जुलूस यू.सी.आई.एल. परिसर से निकला (जो तय कार्यक्रम में शामिल नहीं था किन्तु कर्मचारियों के बच्चे ऐसा चाहते थे) तो सुरक्षा कर्मियों के पास कोई चारा नहीं था सिवाए इसके कि जुलूस को कैम्पस में प्रवेश करने दें क्योंकि परिसर के बच्चे उसमें शामिल थे। इससे यह साबित

होता है कि परिसर के लोग भी विकिरण की समस्या को लेकर चिंतित हैं भले ही वे मजबूर हों।

(2) 6 अगस्त, 2000, को जब गाईगर काऊण्टर से सरकारी प्राथमिक विद्यालय की बाऊण्डरी दीवार व सड़क पर विकिरण मापा गया तो वह खदान के नजदीक विकिरण से ज्यादा पाया गया। खनन व मिलिंग से निकलने वाले कचरे का नासमझदारी में स्थानीय ठेकेदार व लोग निर्माण गतिविधियों में इस्तेमाल कर रहे हैं। सरकार इसे नजरअंदाज़ कर रही है।

(3) खदान मजदूरों से बातचीत में यह तथ्य उजागर हुआ कि मजदूरों को खनन के समय उपयोग की जाने वाली पोशाक की सफाई करने के लिए घर ले जाने को कहा जाता है जहां उनकी महिलाएं व बच्चे भी रेडियोधर्मिता का शिकार होंगे।

(4) 18 फरवरी, 2007, को चातीगुजा गांव, जो टेलिंग ताल स्तर से भी नीचे स्थित है, के लोगों से बातचीत में पता चला कि यू.सी.आई.एल. ने उन्हें हैण्डपम्प व कुओं के पानी का उपयोग न करने की सलाह दी है चूंकि ये पानी जहरीला हो चुका है। पिछले चार वर्षों में 15 युगल अपना पहला बच्चा जन्म के बाद ही खो चुके हैं। गर्भ से बच्चा गिर जाने की वजह से सामाजिक समस्याएं पैदा हो रही हैं। आदमी दोबारा शादी कर रहे हैं यह मान कर कि उनकी पत्नियां गर्भ धारण नहीं कर सकतीं।

(5) 24 दिसम्बर, 2006, को मिल के कचरे को टेलिंग ताल में ले जाने वाले पाईप से रिसाव हो गया। 18 फरवरी, 2007, को एक नाले, जिसमें जहरीला रिसाव प्रवेश कर गया था, में कचरे के टुकड़े पड़े हुए थे जो शायद उस समय भी रेडियोधर्मी रहा होगा। यू.सी.आई.एल. ने न तो दुर्घटना को गम्भीरता से लिया न ही ठीक से रिसाव की सफाई कराई। इस उदाहरण से स्पष्ट है कि यू.सी. आई.एल. के पास ऐसी दुर्घटनाओं को पता लगाने का कोई तरीका नहीं है, उनसे निपटने की बात तो दूर की है।

(6) अंतर्राष्ट्रीय परमाणु ऊर्जा अभिकरण के सुरक्षा मानकों के अनुसार टेलिंग ताल में कचरा लम्बे समय के लिए मानव सम्पर्क से दूर रहना चाहिए। ताल के नीचे रिसाव की सम्भावना नहीं होनी चाहिए। किन्तु जादूगोड़ा में देखा जा सकता है कि इन सुरक्षा मानकों का घोर उल्लंघन होता है तथा कचरा आसानी से मानव सम्पर्क में आ सकता है। स्थानीय लोगों ने बताया कि टेलिंग ताल से रिसाव ने उनकी जमीन व पानी को प्रदूषित किया है।

(7) समय के साथ जादूगोड़ा से शुरू हुआ विरोध तुरमडीह, बांडुहुरांग, चापडी व अन्य इलाकों में भी पहुंचा है जहां सरकार खनन, टेलिंग ताल बनाने या नाभिकीय ऊर्जा संयंत्र स्थापित करने की योजना बना रही है। यदि सरकार

जन सुनवाई में लोगों के विरोध के बावजूद लम्बापुर-पेड्डागट्टू खनन प्रकल्प पर काम आगे बढ़ाती है तो ऐसा मान लेना कि समय के साथ विरोध मंद पड़ जाएगा शायद सही न हो। प्रकल्प पर काम के साथ विरोध भी बढ़ सकता है।

परिशिष्ट 14

नाभिकीय ईंधन चक्र के दौरान दुर्घटनाओं की आंशिक सूची

(1) 1957 में विंडस्केल, इंग्लैण्ड में प्लूटोनियम उत्पादन रिएक्टर में आग से रेडियोधर्मी आयोडीन व अन्य सामग्री का उत्सर्जन।

(2) 1957 में सोवियत संघ के मयक पुनर्संसाधन संयंत्र में रेडियोधर्मी कचरे के टैंक में विस्फोट से 20,000 वर्ग कि.मी. भूमि प्रदूषित।

(3) 28 मार्च, 1979, को अमरीका में हैरिसबर्ग के निकट थ्री माईल आईलैण्ड में रिएक्टर कोर का आंशिक रूप से पिघल जाना।

(4) जुलाई, 1979 में अमरीका में न्यू मेक्सिको के चर्च रॉक में टेलिंग बांध से 1000 टन जहरीली गाद व 370 लीटर जहरीला पानी फैल गया।

(5) 14 मार्च, 1980, को तारापुर से रिसाव।

(6) 26 अप्रैल, 1986 को चेर्नोबिल, यूक्रेन, में हजारों लोग मारे गए, हजारों वर्ग कि.मी. भूमि रेडियोधर्मी तत्व जैसे सीज़ियम-137 से जहरीली हो गई, यूक्रेन व बेलारूस के बड़े हिस्से में कृषि ठप हो गई, लाखों लोगों को इलाका छोड़ना पड़ा व बेलारूस की अर्थव्यवस्था ध्वस्त हो गई।

(7) 1992 में भाभा परमाणु शोध केन्द्र से बड़ा रेडियोधर्मी रिसाव।

(8) 1993 में नरोरा में खराब तारों व टर्बाईन के ब्लेड न बदलने के कारण (जबकि इस बारे में निर्माता से चेतावनी मिल चुकी थी) आग।

(9) मई 1994 में कैगा का गुम्बद, जिसका काम खासकर दुर्घटना के समय रेडियोधर्मिता को पर्यावरण में जाने से रोकना होता है, गिर पड़ा।

(10) 1995 में जापान के मोञ्जू ब्रीडर रिएक्टर में बड़ा सोडियम रिसाव व आग।

(11) 1997 में काकरापार 1 में भारी पानी का रिसाव।

(12) 1997 में मद्रास 2 में भारी पानी का रिसाव।

(13) 1997 में नरोरा 2 में भारी पानी का रिसाव।

(14) 15 अप्रैल, 2000, को नरोरा 2 में स्पंदन से मंदक के पाईप के गैसकेट में गड़बड़ी से 7 टन भारी पानी का रिसाव (परमाणु ऊर्जा नियामक बोर्ड, 2001)।

(15) 2003 में कल्पाक्कम में वॉल्व में गड़बड़ी से मजदूरों व कर्मचारियों को भारी मात्रा में विकिरण मिला।

(16) 2004 में कल्पाक्क्म में अचानक अत्याधिक बिजली पैदा हुई।

(17) 16 जुलाई, 2007, को जापान के काशीवाज़ाकी कारीवा में 6.8 रिक्टर के भूकम्प की वजह से चार रिएक्टर बंद किए गए क्योंकि उनमें से एक के ट्रांसफॉरमर में कुछ देर के लिए आग लग गई थी और इस्तेमाल किए गए ईंधन को ठंडा रखने वाले पानी के ताल से कुछ पानी निकल कर फैल गया।

(18) 11 मार्च 2011 को जापान के फ्यूकुशिमा दाईची नाभिकीय बिजली संयंत्र में चेर्नोबिल के बाद दूसरी सबसे बड़ी दुर्घटना हुई जब वहां भूकंप व सूनामी एक साथ आए। कमरों में पानी भर जाने से रिएक्टरों को ठण्डा करने वाले जनरेटरों ने काम करना बंद कर दिया और बढ़ते तापमान से रिएक्टर पिघल गए। सैकड़ों लोग व दुर्घटना के बाद वहां काम करने वाले कर्मचारियों को खतरनाक विकिरण का सामना करना पड़ा। आस-पास का पानी भी दूषित हो गया। संयंत्र से 20 कि.मी. तक का इलाका खाली करा लिया गया। इस दुर्घटना का दीर्घकालिक खामियाजा जापान के लोगों को भुगतना पड़ेगा।

संदर्भ

- परमाणु ऊर्जा नियामक बोर्ड की वार्षिक रपट, 2000-01, पृष्ठ 13
- अल्वारेज़, आर., प्रकाशित होने वाला है, 2007, रेडियोएक्टिव वेस्ट्स एण्ड द ग्लोबल न्यूक्लिर एनर्जी पार्टनरशिप, बुलेटिन ऑफ द एटोमिक साईंटिस्ट्स
- बिदवई, पी. व रमणा, एम.वी., होम, नाभिकीय रिएक्टर के बगल में, 23 जून, 2007, तहलका, वॉल्यूम 4, इश्यू 24, पृष्ठ 10-12
- कोर्टराइट, डी., व मट्टू, ए., 1996, इण्डिया एण्ड द बॉम्ब, पब्लिक ओपिनियन एण्ड न्यूक्लियर ऑपशंस, यूनिवर्सिटी ऑफ नॉट्रे डेम प्रेस
- फ्रेण्ड्स ऑफ द अर्थ, 1982, न्यूक्लियर पॉवर? नो थैन्क्स!, पृष्ठ 5
- गाडेकर, एस. व गाडेकर, एस.एन., 1996, रावतभाटा, न्यूक्लियर एनर्जी एण्ड पब्लिक सेफ्टी, इण्डियन नेशनल ट्रस्ट फॉर आर्ट एण्ड कल्चरल हेरिटेज, सम्पादन गौड़, वी., नई दिल्ली, पृष्ठ 57-87
- गाडेकर, सुरेन्द्र, श्रीकुमार व गाडेकर, संघमित्र, तैयार हो रहा है, हैल्थ इम्पैक्ट्स ऑफ यूरेनियम माइनिंग इन इण्डिया
- हिरोशिमा पीस मेमोरियल म्यूज़ियम, मार्च 2002, द आऊटलाइन ऑफ एटॉमिक बॉम्ब, डैमेज इन हिरोशिमा, पृष्ठ 26
- ह्यूमन डेवेलपमेण्ट रिपोर्ट, 2006, यू.एन.डी.पी., http:\\hdr.undp.org\hdr2006\statistics\

- जोन्स, आर.डब्लू., मार्च 2005, कन्वेंशनल मिलिट्री इम्बैलेन्स एण्ड स्ट्रैटिजिक स्टेबिलिटी इन साऊथ एशिया, साऊथ एशियन स्ट्रैटिजिक स्टेबिलिटी यूनिट, यनिवर्सिटी ऑफ ब्रैडफोर्ड, इंग्लैण्ड
- जस्ट सिक्योरिटी, एन ऑल्टरनेटिव फॉरन पॉलिसी फ्रेमवर्क, जून 2007, बाई फॉरन पॉलिसी इन फोकस, ए प्रोजेक्ट ऑफ द इन्स्टीट्यूट फॉर पॉलिसी स्टडीज़
- मैकिन्जी, एम., मियां, जेड., नैयर, ए.एच. व रमणा, एम.वी., 2001, द रिस्कस् एण्ड कॉन्सेक्वेन्सेस ऑफ न्यूक्लियर वॉर इन साऊथ एशिया, स्मितु कोठारी व ज़िया मियां, सम्पादन, आऊट ऑफ द न्यूक्लिर शैडो
- मियां, जेड., 1 दिसम्बर, 2006, द यूनाइटेड नेशन्स अनफिनिशड् न्यूक्लियर बिजिनेस, द डेली प्रिंसटोनियन
- मियां, जेड., नैयर, ए.एच., राजारमण, आर. व रमणा, एम.वी., सितम्बर, 2006, फिसाइल मैटिरियल्स इन साऊथ एशियाः द इम्प्लीकेशनस् ऑफ द यू.एस.-इण्डिया न्यूक्लियर डील, ए इण्टरनेशनल पैनल ऑन फिसाइल मैटिरियल्स शोध रपट
- मियां, ज़िया व रमणा, एम.वी., 27 अगस्त, 2005, फीडिंग द न्यूक्लियर फायर, इक्नॉमिक एण्ड पोलिटिकल वीक्ली, पृष्ठ 3808-3812
- मुस्तफा, एस., 23 अगस्त, 2007, एन-पॉवर इज़ थ्री टाइम्स कॉस्ट ऑफ कोल, डेक्कन क्रॉनिकल
- नैचुरल रिसोर्सेज़ डिफेन्स काऊंसिल, 2001, द यू.एस. न्यूक्लियर वॉर प्लानः ए टाईम फॉर चेञ्ज
- नैयर, ए.एच. व मियां, जेड., 2007, नो यूज़ इन फर्स्ट यूज़? पाकिस्तान एण्ड फर्स्ट यूज़ ऑफ नयूक्लियर वीपेन्स, अप्रकाशित
- परमाणु अप्रसार संधि
- पाण्डेय, राहुल, 28 जनवरी, 2006, हॉऊ कैन इण्डिया एचीव एनर्जी सिक्योरिटी, इक्नॉमिक एण्ड पोलिटिकल वीक्ली, पृष्ठ 303-306
- राजारमण, आर., मियां, जेड. व नैयर, ए.एच., 20 नवम्बर, 2004, न्यूक्लियर सिविल डिफेन्स इन साऊथ एशियाः इज़ इट फीज़िबिल?, इक्नॉमिक एण्ड पोलिटिकल वीक्ली, पृष्ठ 5017-5026
- राजारमण, आर., रमणा, एम.वी. व मियां, जेड. 22 जून, 2002, पज़ेसन एण्ड डेवेलपमेण्ट ऑफ न्यूक्लियर वीपेन्स इन साऊथ एशियाः एन एसेसमेण्ट ऑफ सम रिस्कस्, इक्नॉमिक एण्ड पोलिटिकल वीक्ली, वॉल्यूम 37, नम्बर 25, पृष्ठ 2459-2466
- रमणा, एम.वी., 1999, बॉम्बिंग बॉम्बेः इफैक्ट्स ऑफ न्यूक्लियर वीपेन्स एण्ड ए केस स्टडी ऑफ ए हाइपॉथेटिकल एक्सप्लोज़न, इण्टरनेशनल फिज़ीशियन्स फॉर द प्रिवेंशन ऑफ न्यूक्लियर वॉर, केम्ब्रिज
- रमणा, एम.वी., 2007, हेवी सब्सिडीज़ः द कॉस्ट ऑफ हेवी वॉटर प्रोडक्शन, इक्नॉमिक

एण्ड पोलिटिकल वीक्ली

- रमणा, एम.वी., डी सा ए. व रेड्डी ए.के.एन., 2005, इक्नॉमिक्स ऑफ न्यूक्लियर पॉवर फ्रॉम हेवी वॉटर रिएक्टर्स, इक्नॉमिक एण्ड पोलिटिकल वीक्ली, 40 (17): 1763-1773
- रमणा, एम.वी. व सुचित्रा, जे.वाई., इक्नॉमिक एण्ड एनविरॉनमेण्टल कास्ट्स ऑफ न्यूक्लियर पॉवर, द डाईनामिक्स ऑफ एनर्जी, एनवीरॉनमेण्ट एण्ड इकॉनमीः न्यू चैलेञ्जेज़ एण्ड ऑपरचुनिटीज़, बी. सुधाकर रेड्डी एण्ड ज्योति प्रकाश, सम्पादन, ऑक्फोर्ड यूनिवर्सिटी प्रेस, नई दिल्ली
- श्नाईडर, एम. व मैरिग्नैक, वाई., स्पेण्ट न्यूक्लियर फ्यूल रिप्रॉसेसिंग इन फ्रांस, 2007
- साईंस एण्ड डेमोक्रेटिक एक्शन, फरवरी 2007, द इन्स्टीट्यूट फॉर एनर्जी एण्ड एनवीरॉनमेण्टल रिसर्च, वॉल्यूम 14, नम्बर 4
- शुल्ट्ज़, जी.पी., पेरी, डब्लू.जे., किसिञ्जर, एच.ए. व नन, एस., ए वर्ल्ड फ्री ऑफ न्यूक्लियर वीपेन्स, वॉल स्ट्रीट जर्नल, 4 जनवरी, 2007, पृष्ठ ए 15
- एस.आई.पी.आर.आई. ईयरबुक, 2007, आर्मामिण्ट्स, डिसआर्मामिण्ट एण्ड इण्टरनेशनल सिक्योरिटी, ऑक्सफोर्ड यूनिवर्सिटी प्रेस
- सुचित्रा, जे.वाई. व रमणा, एम.वी., 2006, न्यूक्लियर पॉवरः नो रूट टू एनर्जी सिक्योरिटी, एनर्जी सिक्योरिटी इनसाईट्स, पृष्ठ 13-16
- टून, ओ.बी., रोबॉक, ए., टुर्को, आर.पी., बारडीन, सी., ओमान, एल. व स्टेनचिकोव, जी.एल., कान्सेक्वेनसेज़ ऑफ रीजनल स्केल न्यूक्लियर कॉनलिक्ट्स, साईंस, 2 मार्च, 2007, वाल्यूम 315, पृष्ठ 1224-1225
- यूनाइटेड नेशंस साईंटिफिक कमेटी ऑन द इफैक्ट ऑफ एटॉमिक रेडिएशन (यू.एन. एस.सी.ई.ए.आर.), सोर्सेज़ एण्ड इफैक्ट्स ऑफ आयोनाईजिंग रेडिएशन, न्यू यॉर्क, यू.एन., 1993, पृष्ठ 447-451
- http:\\www.uic.com.au\nip28.htm, जून 2007, न्यूक्लियर पॉवर इन फ्रांस

भारत में नाभिकीय विरोधी आन्दोलन

जलवायु परिवर्तन के खतरे की भविष्यवाणी से नाभिकीय ऊर्जा में पुनः रुचि जागृत हुई है। नाभिकीय ऊर्जा को कार्बन उत्सर्जन के समाधान के रूप में देखा जा रहा है। भारत में भारत-अमरीका नाभिकीय समझौते के बाद से नाभिकीय ऊर्जा को फिर से बढ़ावा दिया जा रहा है। इसकी प्रौद्योगिकी के खतरों को देखते हुए भी, देश के सुरक्षा कार्यक्रम से जुड़े होने के कारण, नाभिकीय ऊर्जा को एक पवित्र गाय की तरह देखा जाता है। इस कार्यक्रम का थोड़ा बहुत विरोध होता रहा है जो अब इसकी प्रौद्योगिकी से सम्बन्धित जानकारी के और अधिक लोगों तक पहुंचने से बढ़ता जा रहा है। सरकार द्वारा इस कार्यक्रम के विस्तार की लोगों में जो प्रतिक्रिया हो रही है उसे समझने के लिए इन नाभिकीय विरोधी आंदोलनों का अध्ययन आवश्यक है।

भारत के नाभिकीय कार्यक्रम के जनक होमी भाभा की प्रधान मंत्री जवाहर लाल नेहरू के साथ नजदीकी के कारण स्वतंत्रता के तुरंत बाद संसद में एक विशेष अधिनियम के जरिए 1948 के प्रारम्भ में ही परमाणु ऊर्जा आयोग का गठन हुआ। इसका आधार था अंग्रेजी कानून जिसमें अनुसंधान और विकास पर और अधिक गोपनीयता सुनिश्चित की गई। नेहरू ने नाभिकीय ऊर्जा पर अपनी प्राथमिता स्पष्ट करते हुए संविधान सभा में कहा, 'यदि हमें दुनिया के मुल्कों की अग्रिम कतार में रहना है तो हमें परमाणु ऊर्जा का विकास करना होगा।' उनका मानना था कि भाप ऊर्जा के विकास के कार्यक्रम में पिछड़ने के कारण भारत एक गैर-विकसित देश बना रहा। नेहरू की इस भूमिका के कारण यह तय था कि इस कार्यक्रम का कोई विरोध नहीं करेगा। देश की विधायिका या कार्यपालिका के दायरे से बाहर सीधे प्रधान मंत्री के आधीन परमाणु ऊर्जा विभाग की स्थापना 1954 में हुई। हालांकि इसकी स्थापना के समय इसका उद्देश्य नाभिकीय ऊर्जा का विकास बताया गया था किन्तु नेहरू ने शुरू में ही स्पष्ट कर दिया था कि 'यदि हमें राष्ट्र के रूप में इसका इस्तेमाल अन्य रूप में करने के लिए मजबूर किया गया तो शायद कोई पवित्र भावना हमें ऐसा करने के रोक नहीं पाएगी।' नेहरू ने अपने जीवन काल में नाभिकीय शस्त्र के परीक्षण का आदेश नहीं दिया था। किन्तु भाभा ने 1966 में अपने देहांत से पहले 'शांतिपूर्ण नाभिकीय विस्फोटक' परियोजना शुरू की थी जिसके परिणामस्वरूप भारत ने अंततः

1974 में परीक्षण किया। परमाणु ऊर्जा विभाग के लिए शायद शस्त्र कार्यक्रम का विकास करना जरूरी हो गया था क्योंकि ऊर्जा कार्यक्रम काफी निराशाजनक रहा था (रमणा, 2003)।

आश्चर्यजनक रूप से भारत के नाभिकीय ऊर्जा कार्यक्रम का पहला विरोध स्वतंत्रता प्राप्ति के तुरंत बाद वैज्ञानिक समुदाय ने ही किया जिसे दिखाई पड़ रहा था कि अन्य उपयोगी क्षेत्रों की अपेक्षा बहुत बड़ी राशि इसके लिए आवंटित की जा रही थी। मेघनाथ साहा, सी.वी. रमण व डी.डी. कोसाम्बी उन जाने माने वैज्ञानिकों में से थे जिन्होंने न सिर्फ नाभिकीय कार्यक्रम की गोपनीयता व उसको प्राथमिकता दिए जाने का विरोध किया बल्कि विज्ञान के सैन्यीकरण का भी विराध किया। किन्तु वे देश की नीति प्रभावित न कर पाए।

होमी भाभा नेहरू को यह समझाने में सफल रहे कि विश्वविद्यालयों में गुणवत्तापूर्ण अनुसंधान सम्भव नहीं है और वहां की लालफीताशाही से वैज्ञानिक सृजनात्मकता खत्म हो जाती है (गाडेकर, 1996)। नाभिकीय तंत्र के अंदर से एन. श्रीनिवासन जैसे वैज्ञानिकों, जो परमाणु ऊर्जा आयोग के सदस्य भी रहे, ने सार्वजनिक तौर पर नाभिकीय शस्त्र परीक्षण पर अपनी नाराजगी जाहिर की क्योंकि उनका मानना था कि ये नाभिकीय ऊर्जा की कीमत पर हुआ। 1998 तक नाभिकीय ऊर्जा कार्यक्रम की तुलना में चूंकि भारत का शस्त्र कार्यक्रम गोपनीय था इसके लिए, सिवाय दक्षिणपंथियों के, कोई खास समर्थन नहीं था। बहुत से लोगों को यह भ्रम है कि भारत का नाभिकीय ऊर्जा कार्यक्रम भारतीय अर्थव्यवस्था की ऊर्जा चुनौतियों की पूर्ति कर सकता है। इसमें कुछ गांधीवादी भी शामिल रहे जिनकी दृष्टि वैसे तो एक पर्यावरण पक्षीय समग्र विश्व चिंतन की रहती है। गांधी के वैचारिक वारिस विनोबा भावे ने कहा कि भले ही वे अपना सूत चर्खे पर हाथ से कातते हों उन्हें नाभिकीय ऊर्जा से चलित हवाई जहाज से यात्रा करने में कोई आपत्ति नहीं होगी (देसाई, 2007)।

स्थापित लोकतांत्रिक व्यवस्था के बाहर पहली आवाजें वाम सोच के शहरी नागरिक समूहों अथवा नाभिकीय ईंधन चक्र से जिन लोगों का स्वास्थ्य व पर्यावरण खतरे में था उन्होंने उठाई। यूरेनियम खदानों, नाभिकीय ऊर्जा संयंत्रों, नाभिकीय परीक्षण स्थलों तथा रेडियोधर्मी कचरे के प्रस्तावित निस्तारण स्थलों के पास रहने वाले लोगों ने गम्भीर खतरे की वजह से इन गतिविधियों का विरोध किया। पश्चिम के नाभिकीय विरोधी आंदोलनों से प्रेरित होकर कुछ नागरिकों ने, भारत के प्रथम नाभिकीय परीक्षण के बाद से ही, सही सवाल पूछने शुरू किए। नाभिकीय ऊर्जा से कितनी बिजली पैदा हो सकती है यह बहस का विषय बना और रेडियोधर्मी कचरे के निस्तारण से जुड़ी समस्याओं पर चिंता व्यक्त की गई (शर्मा, 1986)। अमूल्य रेड्डी, सुरेन्द्र गाडेकर, संघमित्रा गाडेकर और एम.वी. रमणा ऐसे कुछ वैज्ञानिक रहे जिन्होंने सैद्धांतिक भूमिका लेते हुए निष्पक्ष रूप से अनुसंधान कर लोगों को शिक्षित करने की

दृष्टि से सत्य उनके सामने रखा।

निम्नलिखित में उन जन संघर्षों का वर्णन है जिनमें लोगों ने शक्तिशाली व तानाशाही नाभिकीय तंत्र को चुनौती दी है।

1. खनन व टेलिंग ताल के खिलाफ आंदोलन

1.1. जादूगोड़ा के आस-पास की खदानों के खिलाफ संघर्ष

स्थल

झारखण्ड में जमशेदपुर से 20 कि.मी. दूर पूर्व सिंहभूम जिले में जादूगोड़ा के इलाके में ज्यादातर हो व संथाली आदिवासी रहते हैं।

गतिविधि

यूरेनियम खनन व मिलिंग। यह 1967 में शुरू हुआ।

स्थानीय प्रतिक्रिया

स्थानीय आदिवासी नेता घनश्याम बिरुली, जो खुद टेलिंग बांध से एक कि.मी. की कम दूरी पर रहते हैं, 1991-92 से 'विकिरण के खिलाफ झारखण्डी संगठन' (जोआर) बना कर यूरेनियम खनन प्रक्रिया के खिलाफ अभियान चला रहे हैं।

1994 में जब नोटिस देने के नौ वर्ष बाद चाटीकोचा गांव के निवासियों को टेलिंग ताल बनाने हेतु अपनी जमीन खाली करने को कहा गया और बदले में मिलने वाला मुआवजा मामूली सा था तो लोगों ने विरोध किया। 1996 में जब पुलिस, अर्द्ध सैनिक बल व बुलडोजर का इस्तेमाल कर लोगों को जबरन हटाने की कोशिश हुई तो घरों को ढहाये जाने के विरोध में सैकड़ों आदिवासी वहां जमा हो गए। इस जबरन कार्यवाही की तीखी प्रतिक्रिया हुई और आस-पास के गांवों से आदिवासी सरकारी उत्पीड़न के खिलाफ संघर्ष में शामिल हो गए। 1997 में जब आदिवासियों ने निर्माण कार्य रोक दिया तो पुनः पुलिस भेजी गई। यूरेनियम कॉरपोरेशन ऑफ इण्डिया लिमिटेड ने संथाल समुदाय के प्रमुख के साथ बाद में हुई बातचीत में रेडियोधर्मिता का बेहतर निरीक्षण, व्यवहारिक नकद मुआवजा, विस्थापित पुरुषों के लिए रोजगार व विकिरण प्रभावित लोगों के लिए बेहतर स्वास्थ्य सुविधाओं का वायदा किया। किन्तु इनमें से ज्यादातर वायदे पूरे नहीं किए गए (लुडलम, 1999)।

1998 में भारतीय संविधान प्रदत्त मौलिक अधिकार 'जीवन के अधिकार' को आधार बनाते हुए एक जनहित याचिका दायर हुई। दिसम्बर, 1998, में विधान परिषद की पर्यावरण समिति के अध्यक्ष ने जादूगोड़ा के दौरे के बाद यू.सी.आई.एल. की सुरक्षा मानकों के पालन को हल्के से लेने के लिए भर्त्सना की और स्थिति को निंदनीय बताया। 1999 में श्रीप्रकाश द्वारा निर्मित 55 मिनट की लोगों की त्रासदी पर बनी फिल्म 'रागी काना को बोंगा बुरु' (जादूगोड़ा में बुद्ध रोते हैं) बना कर दुनिया के सामने पहली बार जादूगोड़ा का सच रख दिया। 4 सितम्बर, 2000, को प्रोफेसर एन.

एन. उपाध्याय द्वारा लोगों के स्वास्थ्य व पर्यावरण पर पड़ने वाले प्रभाव पर एक सर्वेक्षण के आधार पर तैयार की रपट सर्वोच्च न्यायालय में दाखिल की गई। किन्तु 15 अप्रैल, 2004, को यू.सी.आई.एल. की गतिविधियों के खतरनाक प्रभाव पर दायर जनहित याचिका खारिज कर दी गई।

6 अगस्त, 2000, हिरोशिमा दिवस पर यू.सी.आई.एल. की खनन गतिविधियों के खिलाफ आदिवासियों ने एक रैली निकाली गई। आश्चर्यजनक तरीके से यू.सी.आई.एल. कर्मचारियों के बच्चे भी रैली में शामिल हो गए व लोगों की संख्या हजार के करीब पहुंच गई। रैली को तय कार्यक्रम के अनुसार यू.सी.आई.एल. के आवासीय परिसर में नहीं जाना था। किन्तु कर्मचारियों के बच्चों के आग्रह पर रैली परिसर के अंदर गई और गेट पर तैनात सुरक्षाकर्मी कुछ नहीं कर पाए क्योंकि परिसर के लोग भी रैली में शामिल थे। इससे यह साबित हो गया कि यू.सी.आई.एल. के कर्मचारियों व परिवारों को भी रेडियोधर्मिता के खतरों के बारे में जानकारी है किन्तु वे मजबूरीवश कुछ कर नहीं पाते।

उसके बाद से 'जोआर' ने समझ बूझ कर गैर आदिवासियों को भी अपने अभियान में शामिल करने का प्रयास किया है। दिसम्बर 10 से 22, 2000, के दौरान जादूगोड़ा में एक धरने का आयोजन हुआ जिसके बाद एक जन सभा में निर्णय लेकर प्रदर्शन को क्रमिक अनशन में तबदील किया गया। यह 1 जनवरी, 2001, तक चला। पहली बार इस तरह के धरने-उपवास के कार्यक्रम के समर्थन में जमशेदपुर शहर में भी विरोध प्रदर्शन हुआ। अधिकारियों ने हैदराबाद से रेडियोधर्मी कचरा लेकर आने वाली रेलगाड़ी को इस दौरान स्थगित कर दिया। किन्तु मीडिया, खासकर राष्ट्रीय, ने साथ नहीं दिया। 'जादूगोड़ा में बुद्ध रोते हैं' का अनुवाद कर मेघालय में दिखाया गया जो हिन्दुस्तान की दूसरी जगह है जहां यूरेनियम खनन के खिलाफ आंदोलन चल रहा है।

सरकार ने तुरमडीह, जो जादूगोड़ा से जमशेदपुर जाने के रास्ते में पड़ता है, में खनन शुरू करने के लिए 770 परिवारों को विस्थापित किया। सरकार यू.सी.आई.एल. परिसर के अंदर स्थित गांव भादोडीह को भी यही कारण बता कर जमीन खाली कराना चाह रही थी। किन्तु लोग विरोध कर रहे हैं। विस्थापित लोगों के पुनर्वास के अधिकार के लिए 'संघर्षरत इंसानों का झारखण्डी संगठन' (जोश) की स्थापना हुई। 16 मई, 2005, को जब अधिकारियों ने एक पारम्परिक पवित्र स्थान 'जाहेर थान' को ढहाया तो गुस्साए लोगों ने यू.सी.आई.एल. के उप महाप्रबंधक की पिटाई कर दी। भारतीय दण्ड संहिता के धारा 307 के तहत युवा आदिवासी नेता अर्जुन समद के खिलाफ मुकदमा कायम हुआ। अर्जुन को आतंकित करने के लिए उसके खिलाफ तीन और मामले दर्ज कराए गए हैं। किन्तु 'जोश' के नवजवान नेता संघर्ष को आगे बढ़ाने के लिए संकल्पित हैं। उनका कहना है कि जो विस्थापित हैं उन्हें यू.सी.आई.

एल. प्राथमिकता के तौर पर नौकरी देने पर विचार करे। यदि उनकी क्षमताएं कम हैं तो यू.सी.आई.एल. अपने खर्च पर क्षेत्रीय आदिवासी युवाओं के लिए कौशल विकास का कार्यक्रम आयोजित करे।

1990 में मुसाबनी में बगजाता खदान में भी यूरेनियम खनन शुरू किया गया किन्तु स्थानीय लोगों के विरोध के बाद वह 1992 में बंद कर देना पड़ा। यहां फिर खनन शुरू करने के प्रयास चल रहे हैं।

मई, 2009 में यू.सी.आई.एल. ने जादूगोड़ा खदान व मिल के विस्तार को लेकर परिसर के अंदर सी.आई.एस.एफ. कैम्प के पास जन सुनवाई कराई। यू.सी.आई.एल. के कर्मचारी व समर्थक बड़ी संख्या में जुटाए गए व पुलिस व अर्द्ध-सैनिक बलों की मदद से जन सुनवाई में विरोधी स्वर में सम्भावित बोलने वालों को पहले ही बलपूर्वक हटा दिया गया। अक्टूबर, 2010 में तुरमडीह खदान व मिल के विस्तार हेतु जन सुनवाई होनी थी। ग्रामीण पिछले अनुभव से सीख पहले से ही सावधान थे। उन्होंने रास्ते में अवरोध खड़े कर जन सुनवाई के लिए बाहर से आने वाले लोगों को आने ही नहीं दिया और जन सुनवाई का नाटक नहीं होने दिया।

मुद्दे

यूरेनियम, जो नाभिकीय शस्त्र व ऊर्जा निर्माण की कच्ची सामग्री है, के खनन, मिलिंग व शुद्धीकरण की प्रक्रिया ने दुनिया भर के मजदूरों के स्वास्थ्य को प्रभावित किया है। रेडियोधर्मिता से खतरा यूरेनियम से कम उसके विघटन क्रम में निकलने वाले रेडियोन्यूक्लीआइड, खासकर रेडियम-226 व रेडॉन-222 (गैस) व उनके भी विघटन क्रम के उत्पाद व पोलोनियम-210 से ज्यादा होता है। खदान मजदूर के शरीर में सांस के माध्यम से रेडॉन व अयस्क की धूल प्रवेश करती है जिससे वह रेडियोधर्मिता का शिकार होता है। मिल टेलिंग, वह ठोस कचरा जो अयस्क से यूरेनियम निकालने के बाद बचता है, में खतरनाक भारी धातु जैसे मोलिब्डेनम, आर्सेनिक व वैनेडियम पाए जाते हैं तथा रेडियोधर्मी सामग्री जैसे थोरियम-230 व रेडियम-226, जिसका रेडॉन गैस में विघटन हो जाता है, टेलिंग ताल में विसर्जित कर दिए जाते है। चूंकि टेलिंग बांध कोई स्थाई निर्माण नहीं होता और इस इलाके में बरसात काफी होती है मिल टेलिंग का भूगर्भ जल को प्रदूषित करने का गम्भीर खतरा रहता है। जादूगोड़ा से प्रत्येक एक किलोग्राम यूरेनियम के उत्पादन पर 1750 किलोग्राम मिल टेलिंग का भी उत्पादन होता है (रमणा व गाडेकर, 2003)। हैदराबाद के नाभिकीय ईंधन कॉम्पलेक्स व मुम्बई, मैसूर व गोपालपुर स्थित भाभा परमाणु अनुसंधान केन्द्र के रेयर मैटेरियल्स संयंत्रों तथा चिकित्सा सेवाओं से निकलने वाला रेडियोधर्मी कचरा भी यहीं टेलिंग ताल में विसर्जित किया जाता है (लुडलम, 1999)।

24 दिसम्बर, 2006, को यूरेनियम मिल से भण्डारण बांध तक रेडियोधर्मी कचरे

को ले जाने वाला एक पाइप फट गया जिससे खतरनाक कचरा पास की एक जल धारा में जा मिला। यह ताज्जुब की बात है कि यू.सी.आई.एल. की अपनी कोई व्यवस्था नहीं है कि उसे इस किस्म की दुर्घटना की जानकारी मिले। गांव वालों ने जब फटे पाइप से कचरा निकलते देखा तब कम्पनी को दुर्घटना के बारे में बताया। इस तरह का हादसा दोबारा न हो इसके लिए निगरनी, खतरे की घंटी व रपट करने की पुख़्ता व्यवस्था होनी चाहिए। (http:\\petitions.aidindia.org\jadugoda-tailing-pipe-leak\index.php)

जादूगोड़ा यूरेनियम खनन स्थल के नजदीक रह रही आबादी के स्वास्थ्य पर प्रभाव का एक अध्ययन

2001 में सम्पूर्ण क्रांति विद्यालय, वेडछी, गुजरात, के स्वतंत्र वैज्ञानिक सुरेन्द्र गाडेकर व चिकित्सक संघमित्रा गाडेकर द्वारा जादूगोड़ा में खनन व मिलिंग की वजह से स्थानीय आबादी के स्वास्थ्य के ऊपर पड़े प्रभाव का एक सर्वेक्षण किया। पास व दूर के दोनों गांव लिए गए। सांख्यिकी दृष्टि से जादूगोड़ा के पास के गांवों में जन्मजात विकलांगता काफी अधिक पाई गई। टेलिंग ताल, जहां मिलिंग प्रक्रिया का कचरा विसर्जित किया जाता है, जन्मजात विकलांगता की सम्भावना तीन गुणा अधिक पाई गई। कई लोग फेफड़े के रोग से ग्रस्त दिखाई पड़े जिसे सरकारी चिकित्सक टी.बी. बता देते हैं। यू.सी.आई.एल. में 25 वर्षों से कार्यरत एक चिकित्सक के अनुसार उसने आज तक कोई विकिरण से प्रभावित रोगी नहीं देखा। यह स्पष्ट है कि सरकारी तंत्र विकिरण को नजरअंदाज करता है। सर्वेक्षण में यह भी पाया गया कि खदानों में अपर्याप्त हवा के निकास की व्यवस्था, अयस्क निकालने के बाद बची सामग्री का सड़क व भवन के निर्माण में इस्तेमाल व गर्मी में टेलिंग ताल का सूख जाना स्थानीय लोगों व मजदूरों के लिए रेडियोधर्मिता का खतरा बढ़ा देता है (गाडेकर, श्रीकुमार व गाडेकर)।

'शांति एवं विकास हेतु भारतीय चिकित्सक' नामक संगठन ने 2007 में जादूगोड़ा खदानों के आस-पास रहने वाले लोगों के स्वास्थ्य पर प्रभाव का एक और सर्वेक्षण किया जिसमें ये पाया गया कि खदान के पास रहने वाले लोगों में शादी के तीन वर्ष बाद तक प्राथमिक बांझपन सामान्य है, जन्मजात विकलांगता के साथ ज्यादा बच्चे पैदा होते हैं, खदान के पास रहने वाली माओं में जन्मजात विकलांगता बच्चे की मौत का कारण ज्यादा पाया गया, मौत का कारण कैंसर भी ज्यादा पाया गया तथा जीवन की आयु खदान के पास रहने वाले लोगों में कम है (शांति एवं विकास हेतु भारतीय चिकित्सक प्रकाशन, 2008)।

मांगें

लोगों की मांग है कि इस इलाके में रेडियोधर्मी कचरे को बाहर से लाकर न

विसर्जित किया जाए, रेडियोधर्मी कचरे के निस्तारण के सम्बंध में अंतर्राष्ट्रीय मानकों का पालन किया जाए, टेलिंग ताल के पास रहने वाले लोगों को दूर कहीं पुनर्वसित किया जाए, विकिरण से प्रभावित लोगों को मुआवजा दिया जाए और उनका इलाज कराया जाए, पारम्परिक आदिवासी नेतृत्व माझी परगना की देख-रेख में चिकित्सकीय सुविधाएं स्थापित की जाएं जिसमें विकिरण प्रभावित लोगों का इलाज हो और कोई नई खदान न शुरू की जाए।

सहयोगी

विकिरण विरोधी झारखण्डी संगठन (जोआर), संघर्षरत इंसानों का झारखण्डी संगठन (जोश), राज्य विधान परिषद की पर्यावरण समिति के भूतपूर्व अध्यक्ष, स्वतंत्र फिल्म निर्माता श्रीप्रकाश

वर्तमान स्थिति

सरकार नई खदानें व टेलिंग ताल स्थापित करने की अपनी योजना पर काम कर रही है। इसी इलाके के चापड़ी गांव में नाभिकीय बिजली संयंत्र लगाने का भी प्रस्ताव है। जादूगोड़ा में शुरू हुआ लोगों का विरोध परमाणु ऊर्जा विभाग के विस्तार कार्यक्रम के साथ-साथ तुरमडीह, बांग्डुहुरांग, मोहुलडीह व चापड़ी में भी पहुंचा है।

1.2. मेघालय में प्रस्तावित खनन के विरुद्ध आंदोलन

स्थल

मेघालय के पश्चिमी खासी हिल्स जिले के मावथाबाह में डोमिसिएट या वाहकाजी क्षेत्र।

गतिविधि

यू.सी.आई.एल. की कईलेंग-पिंडेंगसोहिआंग यूरेनियम अयस्क खनन एवं प्रसंस्करण परियोजना के अंतर्गत यूरेनियम खनन एवं मिलिंग का प्रस्ताव है। प्राथमिक सर्वेक्षण के बाद आक्रामक तरीके से समुदाय को बांटने व उसकी सहमति लेने के प्रयास हुए हैं। '90 के दशक में यू.सी.आई.एल. की तरफ से परमाणु खनिज विभाग ने पहले यूरेनियम की खोज की। उन्होंने अयस्क को करीब एक वर्ष तक खुला छोड़ दिया। 1994 में जब लोहे की चादरें अयस्क की वजह से गलने लगीं तब अयस्क को परमाणु खनिज विभाग ने कांक्रीट में बंद किया। मछलियां मर गई एवं लोगों को ऐसा रोग हुआ जिसका चिकित्सक के पास भी इलाज नहीं था। इसके बाद से सरकार ने भी पूरे मेघालय में सबसे ज्यादा कैंसर के मामले इसी इलाके में पाए हैं। 1998-99 में सरकार ने पुनः खनन में रुचि दिखाई। 2005 में यू.सी.आई.एल. ने जिला परिषद को लोगों की 'सुविधा' के लिए 22 कि.मी. लम्बी सड़क बनाने के लिए 22 करोड़ रुपए दिए। अभी तक लोग प्रस्तावित खनन स्थल तक यह दूरी पैदल चल कर पूरी करते थे। भू-अधिग्रहण कानून को नजरअंदाज करते हुए वर्तमान

में यह सड़क निर्माणाधीन है। एक 600 टन क्षमता के प्रसंस्करण संयंत्र को भी यहां बनाने का प्रस्ताव है। यू.सी.आई.एल. एक स्थानीय प्राथमिक स्वास्थ्य केन्द्र को अपने कार्यालय के रूप में इस्तेमाल कर रही है।

स्थानीय प्रतिक्रिया

मेघालय के खासी समुदाय के लोग पिछले 15 वर्षों से प्रस्तावित यूरेनियम खनन परियोजना के खिलाफ लड़ रहे हैं। खासी छात्र संघ, लैंगरिन युवा कल्याण संगठन व अन्य के सार्वजनिक विरोध के बावजूद मेघालय प्रदूषण नियंत्रण बोर्ड द्वारा 12 जून, 2007, को जन सुनवाई की घोषणा से प्रतीत हुआ कि सरकार परियोजना को मान्यता दे रही है। सरकार द्वारा जन सुनवाई के अपने तरीके से प्रबंधन के बावजूद 1200-1300 आए हुए ग्रामीणों में से तीन-चौथाई ने परियोजना का विरोध किया। लोगों की बात सुनने के बजाए सरकार लोगों की दुश्मन बन गई। 16 कार्यकर्ता गिरफ्तार हुए, कई पीटे गए व उनका उत्पीड़न किया गया। सरकार ने काले कानून मेघालय प्रिवेंटिव डिटेंशन एक्ट जिसके अंतर्गत बिना जमानत या कानूनी सुनवाई के छह माह तक जेल में रखा जा सकता है के अंतर्गत सात कार्यकर्ताओं के खिलाफ मुकदमा दर्ज किया। ज्यादातर शेष कार्यकर्ता भूमिगत हो गए।

(http:\\www.jadugoda.net\meghalaya\index\html)

मुद्दे

अदिवासियों को यूरेनियम खनन से जुड़ी समस्याओं से ज्यादा विस्थापन व अपनी आजीविका और सांस्कृतिक जड़ के नष्ट होने का डर है। यहां के लोगों ने जादूगोड़ा, जहां विस्थापन, स्वास्थ्य समस्याओं के अलावा सरकार का झूठ, जबरदस्ती व लोगों और कार्यकर्ताओं को धमकाना देखा गया है, के अनुभव से सीख कर अपनी राजनीतिक समझ विकसित कर ली है।

मांग

स्थानीय लोग प्रकल्प प्रारम्भ किए जाने के खिलाफ हैं।

सहयोगी

खासी छात्र संघ, लैंगरिन युवा कल्याण संगठन व समर्थक समूह।

वर्तमान स्थिति

आंदोलन ने अभी तक यूरेनियम खनन शुरू नहीं होने दिया है। राज्य सरकार ने प्रकल्प के अध्ययन हेतु एक सर्व दलीय समिति का गठन किया है। स्पिल लिटी, जो उस भूमि की मालिक है जहां खनन होना है ने अपनी जमीन बेचने से इंकार कर दिया है।

1.3. नलगोंडा में प्रस्तावित यूरेनियम खनन के खिलाफ आंदोलन

स्थल

आंध्र प्रदेश के नलगोंडा जिले के देवारकोंडा मण्डल के लम्बापुर-पेड्डागट्टू व सेरीपल्ली गांव।

गतिविधि

प्रस्तावित प्रकल्प में यूरेनियम खनन व मिलिंग।

स्थानीय प्रतिक्रिया

नलगोंडा जिले में नागार्जुन सागर जलाशय के नजदीक यूरेनियम खनन व मिलिंग का स्थानीय लोगों ने 2003 में हुई एक जन सुनवाई में जोरदार विरोध किया था। लोगों के जबरदस्त विरोध व आंध्र प्रदेश प्रदूषण नियंत्रण बोर्ड की आपत्ति की वजह से मिलिंग स्थल मल्लापुर से सेरीपल्ली ले जाया गया। सेरीपल्ली में 3 मार्च, 2005, को दूसरी पर्यावरणीय जन सुनवाई में करीब 1500 लोग आए। गावं वालों ने नारे लगा कर, तख्तियों व बैनर पर नारे लिख कर प्रकल्प का विरोध किया। 60 में से 58 वक्ताओं ने लम्बापुर-पेड्डागट्टू में यूरेनियम खनन व सेरीपल्ली में मिलिंग दोनों का विरोध किया। वक्ताओं में न्यायविद्, वैज्ञानिक, समाज शास्त्री, चिकित्सक, अभियंता, शिक्षक, पर्यावरणविद्, मानवाधिकार व स्त्री अधिकार कार्यकर्ता व विभिन्न राजनीतिक दलों के सदस्य भी शामिल थे।

मुद्दे

दो संरक्षित वन - राजीव बाघ अभ्यारण्य (यल्लापुर संरक्षित वन) और मुडीगोंडा संरक्षित वन - खनन व मिलिंग के लिए ले लिए जाएंगे। नागार्जुन सागर जलाशय, जिससे पीने के पानी की आपूर्ति होती है, को भी खनन व मिलिंग गतिविधियों से खतरा है।

मांग

जैसा जन सुनवाइयों से स्पष्ट है कि स्थानीय बहुसंख्यक जनता प्रकल्प के यहां लगाए जाने के विरोध में है।

सहयोगी

'यूरेनियम प्रकल्पों के खिलाफ आंदोलन' (मूवमेण्ट अगेंस्ट यूरेनियम प्रोजेक्ट्स), समता व स्थानीय राजनीतिज्ञ।

वर्तमान स्थिति

यू.सी.आई.एल. की तरफ से 'मेकॉन', रांची, ने लम्बापुर-पेड्डागट्टू गांवों में यूरेनियम खनन की पर्यावरणीय प्रभाव आंकलन रपट तैयार की है। इस रपट को तकनीकी आधार पर 'यूरेनियम प्रकल्पों के खिलाफ आंदोलन' के कार्यकर्ताओं व स्वतंत्र वैज्ञानिकों ने भी चुनौती दी है। भारत सरकार के पर्यावरण एवं वन मंत्रालय

की एक एपेलेट ट्राईब्यूनल के सामने फिलहाल यह मामला विचाराधीन है।

1.4. कडप्पा में प्रस्तावित यूरेनियम खनन के खिलाफ आंदोलन

स्थल

आंध्र प्रदेश के कडप्पा जिले के वेमुला मण्डल का तुम्मालापल्ली गांव।

गतिविधि

प्रस्तावित प्रकल्प में यूरेनियम खनन व मिलिंग।

स्थानीय प्रतिक्रिया

10 सितम्बर, 2006, को हुई जन सुनवाई में लोगों को ही नहीं आने दिया गया। कुछ स्थानीय लोग, राजनीतिक दलों के प्रतिनिधि, पर्यावरणविद्, शांति कार्यकर्ता, महिला कार्यकर्ती व नागरिक अधिकार कार्यकर्ता किसी तरह अंदर घुस गए। उस समय के मुख्यमंत्री के भाई इस उद्देश्य के साथ वहां मंच पर मौजूद थे कि कोई प्रकल्प के खिलाफ बोलने न पाए। इसके बावजूद कुछ लोग, मुख्यतः कार्यकर्ता, अपनी बात रख पाने में सफल हो गए। जन सुनवाई के बाद गुस्साए ग्रामीणों ने मुख्यमंत्री के भाई की गाड़ी को जाने से रोकने की कोशिश की। उन्होंने लोगों के खिलाफ फर्जी मुकदमे दर्ज करा कर बदला लिया।

मुद्दे

प्रस्तावित मिलिंग की प्रक्रिया में अम्लीय की जगह क्षारीय लीचिंग का प्रयोग होगा। यह ज्यादा खर्चीली व प्रदूषण पैदा करने वाली है। कोट्टालू स्थित एक प्राकृतिक ताल को टेलिंग ताल के रूप में इस्तेमाल किए जाने का प्रस्ताव है। बुचैयागारीपल्ली भण्डार, पापाग्लून नदी, पेन्ना नदी व तेलुगू गंगा तथा चेन्नई तक पहुंचने वाले पानी के प्रदूषित होने का खतरा है। दिसम्बर से फरवरी तक हवा के रुख के आधार पर रेडॉन गैस के प्रभाव की एक त्रुटिपूर्ण रपट तैयार की गई है जिसमें हवा ज्यादा बहने वाले गर्मी व मानसून के मौसम छोड़ दिए गए हैं।

मांग

बहुसंख्यक स्थानीय लोग प्रकल्प के यहां लगाए जाने के खिलाफ हैं। दिवंगत मुख्यमंत्री राजशेखर रेड्डी जब विपक्ष के नेता थे तो उन्होंने नलगोंडा जिले में यूरेनियम खनन व मिलिंग प्रकल्प का विरोध किया था। किन्तु मुख्यमंत्री बनने के बाद वे अपने जिले में इसी प्रकल्प के सबसे बड़े समर्थक बन गए।

सहयोगी

यूरेनियम व्यतिरेक उज्यमम, कडप्पा, यूरेनियम प्रकल्पों के खिलाफ आंदोलन व मानवाधिकार मंच

वर्तमान स्थिति

'मेकॉन' ने तुम्मालापल्ली यूरेनियम परियोजना की पर्यावरणीय प्रभाव आंकलन

रपट व पर्यावरणीय प्रबंधन योजना तैयार की है। हालांकि केन्द्रीय मंत्रीमण्डल ने सारे मानक व नियम ताक पर रखते हुए इस परियोजना को हरी झंडी दे दी और यू.सी.आई.एल. ने भू-अधिग्रहण कर 13 करोड़ रुपयों के अनुदान से निर्माण कार्य प्रारम्भ कर दिया है, पर्यावरण एवं वन मंत्रालय की स्वीकृति फिलहाल शेष है।

2. नाभिकीय बिजली संयंत्रों के खिलाफ आंदोलन

2.1. काकरापार नाभिकीय बिजली संयंत्र के खिलाफ आंदोलन

स्थल

काकरापार गुजरात में सूरत से 75 कि.मी. पूर्व में स्थित है।

गतिविधि

नाभिकीय बिजली संयंत्र में 220 मेगावॉट के दो रिएक्टर हैं जो 1993 व 1995 में शुरू हुए।

स्थानीय प्रतिक्रिया

संयंत्र लगने के पहले ही सम्पूर्ण क्रांति विद्यालय, वेडछी, की पहल पर उसका विरोध शुरू हो गया। 1 मई, 1985, को प्रस्तावित संयंत्र से 3 कि.मी. दूर बेडकुआवडूर में पहला प्रदर्शन हुआ। 150 लोग, जिनमें ज्यादातर आदिवासी थे, को निषेधाज्ञा के उल्लंघन में गिरफ्तार कर लिया गया। 6 अगस्त, 1985, में सूरत शहर में उससे भी बड़ी सभा हुई जिसको गुजरात के एक भूतपूर्व मुख्यमंत्री ने भी सम्बोधित किया। अगले एक वर्ष में युवा कार्यकर्ताओं ने 292 गांवों का दौरा कर नाटक, गाने, नारे व संवाद के माध्यम से लोगों को नाभिकीय बिजली संयंत्र के खतरों के प्रति जागरूक किया। सम्पूर्ण क्रांति विद्यालय व अणु ऊर्जा जागृति द्वारा प्रस्तावित संयंत्र के नजदीक 1986 में हिरोशिमा दिवस के आयोजन को निषेधाज्ञा लागू कर प्रतिबंधित कर दिया गया। पुलिस ने स्थानीय नागरिकों के साथ वही पुराना तरीका अपनाते हुए आतंक कायम किया। औरत, आदमी व बच्चों को लाठियों से पीटा गया। यह उत्पीड़न कुछ दिनों तक चला और एक 13 वर्ष के बालक की पुलिस की गोली से जान भी चली गई। संगठनों ने पुलिस द्वारा हिंसा के इस्तेमाल के विरुद्ध और अपनी तरफ से हुई हिंसा पर खेद व्यक्त करने के लिए दो दिनों का उपवास रखा (अलवारेज़, 1987 और गाडेकर, 1996)।

मुद्दे

स्थानीय लोग संयंत्र से विकिरण निकलने को लेकर आशंकित थे। 1994 में आई बाढ़ से उनकी चिंता और गहरी हो गई। बाढ़ का पानी टर्बाइन वाले भवन तथा ठोस कचरा प्रबंधन वाले भवन में घुस गया। सौभाग्य से उस समय संयंत्र बंद था अन्यथा बड़ा नुकसान होता।

मांग

आंदोलन की मांग थी कि संयंत्र न लगे।

सहयोगी

सम्पूर्ण क्रांति विद्यालय, वेडछी

वर्तमान स्थिति

आंदोलन खत्म हो गया और संयंत्र दो रिएक्टरों के साथ चल रहा है।

2.2. रावतभाटा नाभिकीय बिजली संयंत्र के खिलाफ आंदोलन

स्थल

रावतभाटा राजस्थान में कोटा के निकट स्थित है (यह भारत का पहला प्रेशराइज्ड भारी पानी रिएक्टर है)।

गतिविधि

100 व 200 मेगावॉट के दो नाभिकीय बिजली रिएक्टर 1973 व 1981 में प्रारम्भ हुए। बाद में 2000 से दो और 220 मेगावॉट के रिएक्टर शुरू हुए।

स्थानीय प्रतिक्रिया

भैंसरोडगढ़ के 20 गांवों के सरपंचों ने मिलकर परमाणु प्रदूषण विरोधी संघर्ष समिति का गठन किया। उन्होंने सुरेन्द्र व संघमित्रा गाडेकर को क्षेत्र में बुलाया। इस इलाके में लोगों के स्वास्थ्य के सर्वेक्षण के बाद क्षेत्र के लोगों द्वारा पहला प्रदर्शन हुआ और संयंत्र को बंद करने की मांग उठी।

मुद्दे

रावतभाटा नाभिकीय बिजली संयंत्र के आस पास रहने वाली आबादी के स्वास्थ्य पर प्रभाव का अध्ययन

भारत में नाभिकीय तंत्र को लेकर जिस किस्म की गोपनीयता बरती जाती है विकिरण का मानव स्वास्थ्य व पर्यावरण पर प्रभाव जानना बहुत मुश्किल हो जाता है (रमणा एवं गाडेकर, 2003)। इसलिए इसकी सम्भावना बहुत कम थी कि सरकार, नाभिकीय तंत्र या स्थानीय प्रशासन लोगों को रेडियोधर्मिता के स्वास्थ्य पर पड़ने वाले प्रतिकूल प्रभावों को बताएगा। 1991 में अपने किस्म के भारत में किए गए पहले वैज्ञानिक सर्वेक्षण से सुरेन्द्र व संघमित्रा गाडेकर ने नाभिकीय बिजली संयंत्र के नजदीक रहने से स्वास्थ्य पर पड़ने वाले प्रभावों के बारे में लोगों को अवगत कराया। इस सर्वेक्षण में संयंत्र से दस कि.मी. के अंदर पांच गांव (कुल आबादी 2860) व पचास कि.मी. दूर के चार गांव (कुल आबादी 2544) लिए गए।

सर्वेक्षण से ये बातें सामने आईं कि संयंत्र के पास के गांवों में जन्मजात विकलांगता की दर ज्यादा थी, तुरंत गर्भपात की दर ज्यादा पाई गई, मरे बच्चे पैदा होना या पैदा होने के एक दिन बाद मर जाना भी ज्यादा पाया गया, बच्चों व युवाओं में दीर्घकालिक बीमारियों में वृद्धि, ठोस ट्यूमर के मामलों में वृद्धि, पिछले दो वर्षों में औसत जीवन आयु 11 वर्ष कम हो जाना और कैंसर रोगियों व कैंसर से मौत के मामलों में बढ़ोतरी पायी गयी (गाडेकर व गाडेकर, 1996)।

मांग

लोग चाहते हैं कि सुरक्षा मानकों का कड़ाई से पालन किया जाए।

सहयोगी

परमाणु प्रदूषण विरोधी संघर्ष समिति व सम्पूर्ण क्रांति विद्यालय, वेडछी, गुजरात

वर्तमान स्थिति

1972 में पहले रिएक्टर के शुरू होने पर सर्वेक्षण से उजागर हुई जानकारी की वजह से विरोध प्रदर्शन के बाद से आंदोलन ने कोई जोर नहीं पकड़ा।

2.3. कैगा नाभिकीय बिजली संयंत्र के खिलाफ आंदोलन

स्थल

बेंगलुरू से उत्तर-पश्चिम में 500 कि.मी. दूर कर्नाटक के पश्चिमी घाट की पहाड़ियों के घने वर्षा-वनों में काली नदी के तट पर कैगा स्थित है।

गतिविधि

2000 में दो 220 मेगावॉट के रिएक्टर नाभिकीय बिजली संयंत्र में शुरू हुए।

स्थानीय प्रतिक्रिया

प्रकल्प के साथ ही 1985 में उसका विरोध भी शुरू हो गया। सिरसी में मुद्दों को चिन्हित करते हुए पहली जन सभा 1987 में हुई। इसके पश्चात सिरसी से कैगा होते हुए कारवार तक एक पदयात्रा निकाली गई। आंदोलन का नेतृत्व 'उत्तर कन्नड़ जिला परिसरा सम्रक्षण समिति', 'नाभिकीय ऊर्जा के विरुद्ध नागरिक' व 'पर्यावरण जागरूकता के लिए समाज' ने किया। प्रसिद्ध साहित्यकार डॉ शिवराम करंथ आंदोलन में शामिल हुए। 2 अक्टूबर, 1988, को कृष्णमठ, उडुपी के श्री विश्वेशवर तीर्थ स्वामी जी के नेतृत्व में कारवार में हुए सत्याग्रह में 3000 से ज्यादा लोगों ने भाग लिया। आंदोलन के उफान पर 30 जनवरी, 1989, को डॉ कुसुमा सोराब के नेतृत्व में सैकड़ों महिलाएं 'अणुशक्ति अलियाली, मणुकुला अलियाली: कैगा अणुस्थवरा निल्लालेबेकु', 'जन मटाके बेले बराली, गणतंत्र निजाविराली' नारे लगाते हुए व 'रघुपति राघव राजा राम' गाते हुए पुलिस के घेरे को तोड़ते हुए रिएक्टर के नींव के गड्ढे में कूद पड़ीं व उसके अंदर उन्होंने नाभिकीय बिजली संयंत्र न बनने देने के अपने संकल्प को जाहिर करने के लिए एक बोधी वृक्ष का पौधा लगाया। अगले दिन शांतिपूर्ण प्रदर्शनकारियों पर पुलिस ने कारवार में लाठी चार्ज किया। 14 मछुवारों को न्यायिक हिरासत में लिया गया। प्रशासन की इस मनमानी कार्यवाही के खिलाफ कई प्रदर्शन हुए। राज्य सरकार ने 10 व 11 दिसम्बर, 1988, को इस विषय पर एक औपचारिक बहस का आयोजन किया। नाभिकीय विरोधी आंदोलन के कार्यकर्ताओं ने सरकारी अधिकारियों को इस कदर निरुत्तर कर दिया कि यह अपने किस्म की आज तक की एकमात्र बहस रही है। किन्तु राजीव गांधी के संसद के यह कहने के बावजूद कि कैगा नाभिकीय बिजली संयंत्र पर कोई अंतिम निर्णय

नहीं लिया गया है परमाणु ऊर्जा विभाग ने परियोजना को हरी झंडी दिखाते हुए यह साबित कर दिया अपने विभाग के मामले में वे ही सम्प्रभु हैं और प्रधानमंत्री तक को ठीक से सूचना नहीं रहती (क्लॉड अल्वारेज़, 1987 व गाडेकर, 1996)।

मुद्दे

1990 में सर्वोच्च न्यायालय में समाज परिवर्तन समुदाय, धारवाड़, की तरफ से डॉ शिवराम करंथ ने पर्यावरणीय आधार पर कि प्रस्तावित संयंत्र से स्थानीय उष्णकटिबंधी वन के लिए खतरा है उसे एक जनहित याचिका के माध्यम से चुनौती दी जिस पर सर्वोच्च न्यायालय ने सरकार को आंदोलन द्वारा उठाए जा रहे मुद्दों पर विचार करने को कहा। 13 मई, 1994, को कैगा की ईकाई 1 की आंतरिक सुरक्षा गुम्बद ढह गई जिसमें दब कर 40 मजदूर मर गए हालांकि नाभिकीय विद्युत कॉरपोरेशन ने एक भी मौत न होने का दावा किया, जिससे निर्माण की गुणवत्ता पर प्रश्न चिन्ह खड़ा होता है (सोराब, 1996)।

मांग

आंदोलन संयंत्र रुकवाना चाहता था।

सहयोगी

'उत्तर कन्नड़ जिला परिसरा सम्रक्षण समिति', 'नाभिकीय ऊर्जा के विरुद्ध नागरिक' जो अब 'नाभिकीय ऊर्जा के विकल्प हेतु नागरिक' के नाम से जाना जाता है, 'पर्यावरण जागरूकता के लिए समाज', 'कारवार चिकित्सक संगठन', 'होनावारा तालुक भारतीय चिकित्सा संगठन', 'उत्तर कन्नड़ जिला विज्ञान परिषद', 'वैज्ञानिक कामगार संगठन', 'कर्नाटक प्रत्यक्षवादी मंच', 'माध्यमिक शिक्षक संगठन', 'उत्तर कन्नड़ कर्नाटक राज्य रैयत संघ', 'महिला मछलीमार सहकारी समिति', 'पुरसेन नाव संघ', 'रिक्शा संघ', 'अंकोला परिसरा समिति', 'परिसरा जागृति संघ', 'होनावारा प्रगतिशील लेखक संघ', 'समग्र विकास', 'समता वेदिके कामगार मंच', 'कर्नाटक प्रगति संघ', 'समाज परिवर्तन समुदाय', 'नागरिक वेदिके', 'पश्चिमी घाट बचाओ' और प्रसिद्ध साहित्यकार डॉ शिवराम करंथ। स्थानीय निकाय जैसे उत्तर कन्नड़ जिला परिषद, कारवार नगरपालिका और कारवार तालुक मण्डल पंचायतों ने संयंत्र स्थापित करने के खिलाफ प्रस्ताव पारित किए। अनागोड के सरपंच ने इस मुद्दे पर इस्तीफा भी दिया (रामकृष्ण, 1996)।

वर्तमान स्थिति

1999 में कैगा की ईकाई 2 प्रारम्भ होने के बाद आंदोलन ठण्डा पड़ गया।

2.4. नरोरा नाभिकीय बिजली संयंत्र के खिलाफ आंदोलन

स्थल

उत्तर प्रदेश के बुलंदशहर जिले में गंगा के तट पर नरोरा नाभिकीय बिजली संयंत्र स्थित है।

गतिविधि

220 मेगावॉट के दो नाभिकीय बिजली संयंत्र यहां 1991 व 1992 में प्रारम्भ हुए।

स्थानीय प्रतिक्रिया

हालांकि यहां स्थानीय पहल पर नाभिकीय बिजली संयंत्र के खिलाफ कोई आंदोलन नहीं रहा दिल्ली से एक कार्यकर्ताओं के समूह ने 'नाभिकीय ऊर्जा को भगाने के लिए मंच' के नाम से कुछ विरोध खड़ा करने की कोशिश की। इस समूह की वजह से स्थानीय आबादी में नाभिकीय बिजली संयंत्र के खतरों के बारे में कुछ जागरूकता है।

मुद्दे

31 मार्च, 1993, को नाभिकीय बिजली संयंत्र की ईकाई 1 में भाप टर्बाइन के ब्लेडों की आखिरी दो अवस्थाओं में लम्बे इस्तेमाल की वजह से दुर्घटना हुई और टर्बोजनरेटर को शीतल करने की व्यवस्था से हाइड्रोजन निकल कर आग पकड़ लिया। इसकी वजह से बिज़ली गुल हो गई। शायद बिजली आपूर्ति की आवृत्ति में उतार-चढ़ाव बहुत ज्यादा होने से ब्लेड समय से पहले जवाब दे गए (गोपालकृष्णन, 1996)। इस दुर्घटना से भी स्थानीय समुदाय में जो खलबली मचनी चाहिए थी वह न मची।

2006 में आस-पास के गांवों के एक दौरे में लोगों ने बताया के कुछ बीमारियां और समय से पहले जो युवा संयंत्र में काम करते थे की मौत की घटनाएं बढ़ी हैं।

सहयोगी

'नाभिकीय ऊर्जा को भगाने के लिए मंच'

वर्तमान स्थिति

नाभिकीय बिजली संयंत्र चल रहा है और कोई गम्भीर प्रतिरोध खड़ा न हो पाया।

2.5. पेरिंगोम में प्रस्तावित नाभिकीय बिजली संयंत्र के खिलाफ आंदोलन

स्थल

उत्तर केरल में पेरिंगोम

गतिविधि

यहां एक नाभिकीय बिजली संयंत्र प्रस्तावित था।

स्थानीय प्रतिक्रिया

राज्य में मार्क्सवादी कम्युनिस्ट पार्टी की सरकार यह नाभिकीय बिजली संयंत्र बनाना चाहती थी। प्रस्तावित स्थल से कन्नूर जिला मुख्यालय तक एक 60 कि.मी. की पदयात्रा निकाली गई जिसमें पार्टी नेतृत्व से विद्रोह करते हुए कुछ मार्क्सवादी कम्युनिस्ट पार्टी व भारतीय कम्युनिस्ट पार्टी के कार्यकर्ता भी शामिल हुए। सरकार को अलोकप्रियता का खतरा दिखाई पड़ा चूंकि चुनाव नजदीक थे। 'जन स्वास्थ्य मंच',

पयूयनुन ने नाभिकीय बिजली संयंत्र के खतरों के प्रति लोगों को जागरूक किया।

मुद्दे

स्थानीय लोग नाभिकीय बिजली संयंत्र के खतरनाक प्रभावों को लेकर चिंतित थे।

मांग

नाभिकीय बिजली संयंत्र को न स्थापित करना।

सहयोगी

'जन स्वास्थ्य मंच', पयूयनुन और मार्क्सवादी कम्युनिस्ट पार्टी व भारतीय कम्युनिस्ट पार्टी के स्थानीय कार्यकर्ता।

वर्तमान स्थिति

विरोध को देखते हुए सरकार ने संयंत्र स्थापित करने का फैसला त्याग दिया। पेरिंगोम भारतीय नाभिकीय विरोधी आंदोलन की एक प्रसिद्ध सफलता मानी जाती है जहां आंदोलन एक प्रकल्प को रद्द कराने में सफल रहा (गाडेकर, 1996)।

2.6. कोथामंगलम में प्रस्तावित नाभिकीय बिजली संयंत्र के खिलाफ आंदोलन

स्थल

मध्य केरल में कोथामंगलम

गतिविधि

दो 235 मेगावॉट के रिएक्टर इस नाभिकीय बिजली संयंत्र में प्रस्तावित थे।

स्थानीय प्रतिक्रिया

स्थानीय बुद्धिजीवियों द्वारा गठित 'नाभिकीय विकिरण से बचाव हेतु संगठन' और 'केरल शास्त्र साहित्य परिषद' ने कोथामंगलम में प्रस्तावित संयंत्र के खिलाफ एक अभियान चलाया। यह प्रतिरोध जमीनी आंदोलन के बजाए चेतना के स्तर पर ज्यादा सक्रिय रहा।

मुद्दे

'नाभिकीय विकिरण से बचाव हेतु संगठन' ने दो खण्डों में एक रपट प्रकाशित करते हुए परियोजना को अव्यवहारिक ठहराया। अमरीकी परमाणु ऊर्जा आयोग व अंतर्राष्ट्रीय परमाणु ऊर्जा अभिकरण के मानकों के मुताबिक कोथामंगलम के इर्द-गिर्द जनसंख्या घनत्व अधिक था। केरल में वैसे भी जनसंख्या घनत्व ज्यादा होने की वजह से उसने पूरे केरल में कहीं भी नाभिकीय बिजली संयंत्र न लगाने की संस्तुति की। (क्लॉड अल्वारेज़, 1987)।

मांग

नाभिकीय बिजली संयंत्र न लगाना।

सहयोगी

'नाभिकीय विकिरण से बचाव हेतु संगठन' और 'केरल शास्त्र साहित्य परिषद'

वर्तमान स्थिति

राज्य सरकार ने 1984 के चुनावों में हार की आशंका से संयंत्र निर्माण का इरादा त्याग दिया और उसके बाद से फिर इस प्रस्ताव को पुनर्जीवित करने की कोई बात नहीं हुई है।

2.7. कुडनकुलम में निर्माणाधीन नाभिकीय बिजली संयंत्र के खिलाफ आंदोलन

स्थल

तमिल नाडू के तिरुनेलवेली जिले में भारत के दक्षिणी छोर पर कन्याकुमारी के नजदीक कुडनकुलम स्थित है।

गतिविधि

1988 में राजीव गांधी व मिखाईल गोर्बाचोव के बीच समझौते के तहत शुरुआती प्रस्ताव में दो सोवियत निर्मित वी.वी.ई.आर.-1000 रिएक्टर स्थापित करना तय हुआ। व्लादिमीर पुतिन ने 2007 में अपने भारत दौरे के दौरान चार और रिएक्टरों का वायदा किया।

स्थानीय प्रतिक्रिया

रेवरण्ड वाई. डेविड के नेतृत्व में 'समतुवा समुदाय इयक्कम' ने 1988 में ही प्रस्तावित नाभिकीय बिजली संयंत्र के खिलाफ तिरुनेलवेली में एक बड़ी रैली निकाली जिसकी वजह से शिलान्यास समारोह स्थगित हो गया। 11 जनवरी, 1989, को नागरकोविल में एक दूसरी बड़ी रैली निकाली गई। 1 मई, मजदूर दिवस, पर राष्ट्रीय मछुवारा संघ ने मुम्बई व कोलकाता से 'जल बचाओ, जीवन बचाओ' यात्राओं का समापन कुडनकुलम में किया। सभा में व्यवधान डालने के लिए भीड़ में एक बस घुसा दी गई और पुलिस ने गोली चलाई। छह मछुवारे गम्भीर रूप से घायल हुए और कार्यकर्ताओं के खिलाफ फर्जी मुकदमे कायम हुए। दस वर्षों की शांति के बाद 'अणुमिन निलय इथिरपु इयक्कम' का गठन हुआ। मुख्यमंत्री को पोस्टकार्ड लिख परियोजना को रोकने की मांग को लेकर एक अभियान चलाया गया। 2001 में एक साझा मंच 'नाभिकीय ऊर्जा के खिलाफ जन आंदोलन' की मदुरई में स्थापना हुई। 26 अप्रैल, 2002, को कन्याकुमारी जिलाधिकारी कार्यालय पर 'नाभिकीय ऊर्जा जागरूकता समिति' के तत्वावधन में एक दिवसीय उपवास का आयोजन हुआ। 25 जनवरी, 2003, को सात हजार मछुआरों, किसानों, महिलाओं व छात्रों की विशाल रैली टूथूकुडी, तिरुनेलवेली व कन्याकुमारी जिलों से निकाली गई जो नाभिकीय बिजली संयंत्र के मुख्य द्वार के सामने से होती हुई गुजरी। इसके पश्चात एक जन सभा में गैर कानूनी ढंग से संयंत्र निर्माण के खिलाफ एक प्रस्ताव भी पारित किया

गया। 30 जनवरी को जन आंदोलनों के राष्ट्रीय समन्वय ने भी एक रैली निकाल कर जन सभा का आयोजन किया जिसे मेधा पाटकर ने सम्बोधित किया। 2004 में मुम्बई में आयोजित विश्व सामाजिक मंच के दौरान एक दिवसीय उपवास रखा गया (उदयकुमार, 2004)।

6 अक्टूबर, 2006, को तिरुनेलवेली जिलाधिकारी ने इकनॉमिक टाइम्स व दिनाकरन अखबार के तिरुनेलवेली संस्करण में नोटिस छपवा कर अपने कार्यालय में ही गुपचुप जन सुनवाई करने का फैसला किया। शुक्रवार दोपहर को जल्दबाजी में कुछ लोगों के सामने ही जन सुनवाई आयोजित करने की कोशिश के बावजूद करीब 700-800 लोग नारे लगाते वहां पहुंच ही गए। उन्होंने पेचीपरई बांध से नाभिकीय बिजली संयंत्र के लिए पानी लिए जाने के प्रस्ताव पर आपत्ति दर्ज की। इस पर यह बताया गया कि पर्यावरणीय प्रभाव आंकलन रपट पुरानी है व विलवणीकृत पानी इस्तेमाल करने का प्रस्ताव है। 'कन्याकुमारी जिला जल संसाधन बचाव मंच' पेचीपरई बांध से पानी लिए जाने का विरोध कर रहा है। अभी तक सिर्फ मछुआरे ही विरोध प्रदर्शनों में भाग ले रहे थे। अंदरूनी आबादी के बड़े हिस्से जिसमें व्यापारी, किसान, खेत मजदूर व कुडनकुलम में रहने वाला शिक्षित मध्य वर्ग शामिल था ने संयंत्र स्थापित होने के साथ दस हजार रोजगार के अवसर उत्पन्न होने के सरकारी अधिप्रचार को मान लिया था। लेकिन धीरे-धीरे जैसे लोगों को हकीकत समझ में आने लगी वे भी विरोध प्रदर्शनों में आने लगे। 15 फरवरी, 2007, को कुडनकुलम में पांच हजार स्थानीय लोगों की एक सभा को मेधा पाटकर ने सम्बोधित किया (डीटरिच, 2007)।

2011 में जापान में फ्यूकुशिमा में दुर्घटना के दृश्य टी.वी. पर देखने के बाद कुडनकुलम के लोग काफी चिंतित हुए। दुर्घटना की स्थिति में कैसे अपना बचाव करें इसके लिए एक दिन प्रशासन ने अभ्यास कराया। सभी को नाक व मुंह बंद कर तेजी से दौड़ने के लिए कहा गया। लोग इससे आशंकित हो गए। 11 अगस्त को बड़ा प्रदर्शन रखा गया और 16 अगस्त को इदिंथकरई में एक दिवसीय उपवास। इसके बाद कुडनकुलम में 17 से 19 अगस्त एक क्रमिक उपवास रखा गया किन्तु पहले ही दिन प्रशासन ने आंदोलनकारियों को वार्ता के लिए बुलाया। किन्तु परमाणु ऊर्जा विभाग ने सितम्बर से संयंत्र प्रारम्भ करने का निर्णय लिया तो 11 सितम्बर से पुनः अनिश्चितकालीन उपवास शुरू हुआ। 13 सितम्बर को महिलाओं ने कुछ घंटों के लिए सड़क जाम भी किया। 21 सितम्बर को मुख्यमंत्री ने वार्ता के लिए बुलाया और अगले दिन कैबिनेट की बैठक में प्रस्ताव पारित कर केन्द्र सरकार से तब तक काम रोकने को कहा जब तक लोगों की आशंका दूर नहीं हो जाती। 22 सितम्बर को उपवास खत्म हुआ किन्तु प्रधानमंत्री के साथ वार्ता विफल हो जाने के बाद फिर 9 अक्टूबर से उपवास रखा गया। 13 अक्टूबर से संयंत्र को घेरा गया। 17 अक्टूबर को स्थानीय निकाय के चुनाव को आंदोलन स्थिगित किया गया किन्तु

उसके बाद से लगातार कोई न कोई कार्यक्रम लिया जाता रहा। 19 मार्च, 2012, को 200 लोगों की गिरफ्तारी के बाद 15 लोगों, जिसमें आंदोलन के नेता एस.पी. उदयकुमार व उनके प्रमुख सहयोगी पुष्परायण भी शामिल थे, ने अनिश्चिकालीन उपवास शुरू किया जो प्रशासन द्वारा गिरफ्तार लोगों को छोड़ने के आश्वासन पर 27 मार्च को समाप्त हुआ। 1 मई से 300 महिलाओं व 25 पुरुषों ने पुनः एक अनिश्चितकालीन अनशन प्रारम्भ किया जो 14 मई को सेवा निवृत न्यायमूर्ति ए. पी. शाह के आह्वान पर समाप्त हुआ। इदिंथकरई आंदोलन का केन्द्र बना हुआ है जहां लगातार क्रमिक अनशन चल रहा है और मछुआरा समुदाय के लोग कुडनकुलम बिजली संयंत्र न शुरू होने देने के संकल्प के साथ बैठे हुए हैं।

मुद्दे

परमाणु ऊर्जा नियामक बोर्ड के मानक के अनुसार संयंत्र के 1.5 कि.मी. के दायरे में कोई आबादी नहीं रहनी चाहिए। अगले 5 कि.मी. में इतनी कम आबादी होनी चाहिए जिसे आसानी से निकाला जा सके। 16 कि.मी. की त्रिज्या में 10,000 से ज्यादा आबादी नहीं होनी चाहिए। किन्तु, हकीकत यह है कि संयंत्र से 1 कि.मी. की दूरी पर तीन बड़े आबादी समूह हैं जिसमें एक सूनामी प्रभावितों की 2000 लोगों की पुनर्वास कालोनी भी है। इसके अलावा कुडनकुलम में 20,000 व इदिंथकरई में 12,000 लोग रहते हैं जो अन्य दो आबादी समूह हैं। 16 कि.मी. के दायरे में अनुमानित आबादी 70,000 है (बिदवई व रमणा, 2003)।

स्थानीय लोगों को नाभिकीय बिजली संयंत्र की वजह से अपनी जमीन व आजीविका को खतरा दिखाई पड़ रहा है। इसके अलावा संयंत्र द्वारा परिस्थितिकीय दृष्टि से संवेदनशील मन्नार की खाड़ी में छोड़े जाने वाले गर्म पानी से परितंत्र को भी खतरा है।

मांगें

प्रशासन द्वारा तीन बार जन सुनवाई रद्द किए जाने के बाद जन संगठनों द्वारा 30 मार्च, 2007, को टूथूकुडी में आयोजित जन सुनवाई में समझदारी पूर्वक आम सहमति से नाभिकीय बिजली संयंत्र का विरोध किया गया। वक्ताओं में मछुआरे, पादरी, बुद्धिजीवी, चिकित्सक व वैज्ञानिक शामिल थे। ज्यादातर लोग जिनकी जमीन व आजीविका खतरे में पड़ी है गरीब हैं।

लोग 'स्थल मूल्यांकन अध्ययन', 'सुरक्षा विश्लेषण रपट', ताजा 'पर्यावरणीय प्रभाव मूल्यांकन' रपट और रूस की सरकार के साथ दुर्घटना की स्थिति में किसकी जिम्मेदारी कितनी होगी इस पर जो समझौता हुआ है वह जानकारी मांग रहे हैं। लोगों को जो 'पर्यावरणीय प्रभाव मूल्यांकन' रपट दी गई है वह 23 वर्ष पुरानी है। दुर्घटना की स्थिति में लोग अपना बचाव कैसे करेंगे इसके लिए वे प्रशिक्षण चाहते हैं तथा संयंत्र से निकलने वाले कचरे का निस्तारण कैसे होगा यह जानकारी भी उन्होंने मांगी है।

सहयोगी

'समतुवा समुदाय इयक्कम', 'अणुमिन निलय इथिरपु इयक्कम', 'नाभिकीय ऊर्जा के खिलाफ जन आंदोलन', 'नाभिकीय ऊर्जा जागरूकता समिति', 'कन्याकुमारी जिला जल संसाधन बचाव मंच', 'राष्ट्रीय मछुआरा संघ', 'जन आंदोलनों का राष्ट्रीय समन्वय', 'नाभिकीय विरोधी संघ', टूथूकुडी, 'नागरिक अधिकार बचाव मंच', कुडनकुलम, स्थानीय गिरजाघर समूह, बुद्धिजीवी, वैज्ञानिक, सेवानिवृत सरकारी कर्मचारी एवं नागरिक।

वर्तमान स्थिति

अधिकारिक जन सुनवाई अंततः 2 जून, 2007, को हुई। तिरुनेलवेली राजकीय इंजीनियरिंग कॉलेज में प्रभावित तीन जिलों के लोग अपने आवेदन व ज्ञापन लेकर आए थे। उनका स्वागत दंगा नियंत्रण पुलिस व बख्तरबंद गाड़ियों ने किया। जिलाधिकारी ने परियोजना निदेशक एस.के. अग्रवाल को बोलने के लिए बुलाया। कार्यकर्ताओं ने इसका यह कह कर विरोध किया कि जन सुनवाई का उद्देश्य होता है लोगों की पर्यावरणीय प्रभाव आंकलन रपट पर प्रतिक्रिया जानना। करीब दस कार्यकर्ताओं तथा प्रभावित समुदाय के सदस्यों ने प्रकल्प के प्रति अपनी आशंका व सुरक्षा सम्बंधी बिन्दुओं को रखा। जिलाधिकारी ने अचानक दो घंटे बाद बिना स्थानीय भाषा तमिल में कार्यवाही का ब्योरा रखे अथवा प्रकल्प पर जनता की सहमति लिए, जो नियमानुसार आवश्यक है, जन सुनवाई खत्म कर दी। यह स्पष्ट था कि अधिकारी सिर्फ औपचारिकता पूरी करने मात्र के लिए यह जन सुनवाई कर रहे थे।

वर्तमान में इदिंथकरई व कुडनकुलम जबरदस्त आंदोलन का केन्द्र बने हुए हैं।

2.8. जैतापुर में प्रस्तावित नाभिकीय बिजली संयंत्र के खिलाफ आंदोलन

स्थल

महाराष्ट्र के रत्नागिरि जिले के राजापुर तालुक में, पड़ोसी जिले सिंधुदुर्ग की सीमा के पास, विजयदुर्ग से 5 कि.मी. दूर जैतापुर स्थित है। प्रकल्प की वास्तविक स्थल माडबन गांव जैतापुर से भी 7-8 कि.मी. दूर स्थित है।

गतिविधि

करीब पच्चीस वर्षों से फ्रांस के साथ इस संयंत्र को लगाने की बात चल रही है। भू-अधिग्रहण की सूचना लोगों को दे दी गई है हालांकि दूसरी तरफ सरकार का दावा है कि प्रकल्प से किसी का विस्थापन नहीं होगा और जो भी जमीन सरकार को चाहिए वह बंजर है और उसका मालिकाना हक सरकार का है। 2005 में सरकार ने इसी इलाके में चक्रवात आने पर फलों के बगीचों को हुए नुकसान का मुआवजा दिया है जिससे साबित होता है कि न तो यह भूमि बंजर है और न ही यह सरकार की है। यहां कुल मिलाकर 9900 मेगावॉट के छह रिएक्टर लगाने का प्रस्ताव है। भाभा

परमाणु अनुसंधान केन्द्र की परिचालन पूर्व पर्यावरणीय सर्वेक्षण रपट भरोसेमंद नहीं है। इस रपट में माडबन में 73 घर बताए गए हैं जबकि पलायन कर गए लोगों को छोड़ कर यहां रहने वाले परिवारों की संख्या 230 है। इसी तरह जैतापुर में 67 घर बताए गए हैं जबकि यहां 1900 घर हैं।

2006 में भूअधिग्रहण की प्रक्रिया शुरू हो गई। जनहित सेवा समिति ने मुम्बई उच्च न्यायालय में एक मुकदमा दायर किया। 23 नवम्बर, 2009, को आस-पास के गांवों के लोगों की एक बड़ी बैठक हुई। प्रकल्प का विरोध कर रहे मजदूर संगठनों, राजनीतिक दलों व प्रकल्प प्रभावित लोगों ने मिलकर 'कोंकण विनाशकारी प्रकल्प विरोधी समिति' का गठन किया। 29 दिसम्बर, 2009, 12 जनवरी, 2010 व 22 जनवरी, 2010 को जब सरकारी अधिकारी माडबन में अनिवार्य भूअधिग्रहण का मुआवजा लेकर आए तो किसानों ने चेक लेने से मना कर दिया। 14 जनवरी, 2011, को अधिकारियों का स्वागत काले झण्डों से किया गया और प्रस्तावित प्रकल्प स्थल के किसानों ने अपने-अपने घरों पर भी काले झण्डे लगाए। 22 जनवरी, 2010 को जबरन भूअधिग्रहण का विरोध करने वाले 72 किसानों को गिरफ्तार कर लिया गया। 16 मई, 2010, को 1200 पुलिसकर्मियों के साए में पर्यावरणीय स्वीकृति पर जन सुनवाई हुई जबकि 10 मई को ग्राम सभा प्रस्ताव पारित कर इस तिथि को बदलने का आग्रह कर चुकी थी। 2 दिसम्बर, 2010, को जिलाधिकारी ने निषेधाज्ञा जारी कर आंदोलन समर्थक और सेवानिवृत न्यायामूर्ति कोल्से पाटिल और आंदोलन की नेता वैशाली पाटिल को रत्नागिरी जिले में प्रवेश से प्रतिबंधित किया और आंदोलन समर्थक भूतपूर्व नौसेना अध्यक्ष एडमिरल रामदास व सेवानिवृत न्यायमूर्ति पी.बी. सावंत को बिना किसी आदेश के थाने पर रोका गया। 4 दिसम्बर को 6000 लोगों ने भारत के दौरे पर आए फ्रांस के राष्ट्रपति की यात्रा के पहले दिन ही धारा 144 का उल्लंघन करते हुए प्रदर्शन कर विरोध जताया। 'सारकोजी वापस जाओ' व 'अरीवा वापस जाओ' जैसे नारे लगे। 1500 लोग गिरफ्तार हुए। न्यायामूर्ति कोल्से पाटिल और वैशाली पाटिल को छह दिनों के लिए जेल में रखा गया। 18 दिसम्बर को नाटे गांव के निवासी 40 वर्षीय इरफान युसुफ काजी की पुलिस की जीप की टक्कर से मौत हो गई। इससे पुलिसवालों व मछुवारों के बीच दंगा भड़का। 11 जनवरी, 2011, को 70 विद्यालयों व 4 कॉलेजों के छात्रों ने अपने शिक्षण संस्थाओं का बहिष्कार किया क्योंकि यहां शिक्षक नाभिकीय ऊर्जा को साफ व पर्यावरण की दृष्टि से सुरक्षित बता रहे थे। 18 जनवरी को 70 निर्वाचित ग्राम पंचायत प्रतिनिधियों ने विरोध स्वरूप इस्तीफा दे दिया। इसी दिन लोगों ने मुख्यमंत्री द्वारा मुम्बई में बुलाई एक बैठक का भी बहिष्कार किया। 26 जनवरी को लोगों ने गणतंत्र दिवस के अवसर पर झण्डा न फहराने का निर्णय लिया। अक्टूबर माह में मुख्यमंत्री पृथ्वीराज चौहान ने जैतापुर क्षेत्र का दौरा किया। दस हजार किसानों ने तख्तियों और

पोस्टर के साथ उनका विरोध किया। 18 अप्रैल, 2011, को किसानों पर पुलिस ने गोली चलाई। एक वर्ष बाद नाटे-जैतापुर चौक का नामकरण तबरेज साएकर के नाम पर हुआ जो मारा गया था।

इस तरह प्रस्तावित जैतापुर नाभिकीय संयंत्र के खिलाफ लोगों का जबरदस्त विरोध जारी है।

स्थानीय प्रतिक्रिया

लोगों में सम्भावित विस्थापन से आक्रोश है। उन्होंने 'जन हित सेवा समिति' जैसे संगठन बना कर नाभिकीय बिजली संयंत्र के विरोध का फैसला किया है। सुरेन्द्र व संघमित्रा गाडेकर के शुरू में ही यहां आने से इलाके के लोग नाभिकीय बिजली संयंत्र के खतरों के प्रति जागरूक हैं।

मुद्दे

लोग विस्थापन व स्वास्थ्य पर पड़ने वाले प्रतिकूल प्रभावों को लेकर चिंतित हैं।

मांग

प्रकल्प न शुरू हो।

सहयोगी

जन हित सेवा समिति और स्थानीय राजनीतिक दल शिव सेना से जुड़े कुछ समूह।

वर्तमान स्थिति

संयंत्र स्थापित करने हेतु प्रस्तावित स्थल व वहां से 10 कि.मी. दूर आवासीय परिसर के लिए जगह चिन्हित कर ली गई है। धारा 17 के तहत भू-अधिग्रहण हेतु लोगों को सूचनाएं दे दी गई हैं किन्तु कार्य की शुरुआत अभी नहीं हुई है।

2.9. हरिपुर में प्रस्तावित नाभिकीय बिजली संयंत्र के खिलाफ आंदोलन

स्थल

पश्चिम बंगाल में कोलकाता से 170 कि.मी. दूर स्थित पूर्वी मिदनापुर जिले के कोण्टाई उप मण्डल में जूनपुट के निकट हरिपुर स्थित है।

गतिविधि

भारत अमरीका नाभिकीय समझौते के पूरा होने से पहले ही परमाणु ऊर्जा विभाग ने पूर्वानुमान में गुजरात, ओडीशा, आंध्र प्रदेश व पश्चिम बंगाल के पांच तटीय इलाकों में नाभिकीय बिजली संयंत्र स्थापित करने की योजना बना ली थी। वह आयातित ईंधन से चलने वाले 1650 मेगावॉट क्षमता के छह हल्के पानी वाले नाभिकीय रिएक्टर स्थापित करना चाहता था।

स्थानीय प्रतिक्रिया

19 अगस्त, 2006, को लोगों को बंग्ला अखबार आनंद बाजार पत्रिका में छपी खबर से प्रस्ताव के बारे में जानकारी मिली। उन्होंने विरोध करने का निर्णय लिया। 'पश्चिम बंग खेत मजूर समिति', जिसे पहले भ्रमित किया गया कि नाभिकीय बिजली संयंत्र उसी जिले के एग्रा में लगेगा ने अपना ध्यान हरिपुर पर केन्द्रित किया। सितम्बर, 2006, में एक अफवाह उड़ी कि परमाणु ऊर्जा विभाग का स्थल चयन दल हरिपुर का दौरा करेगा। जूनपुट-हरिपुर मार्ग पर जूनपुट बाजार में गतिरोध खड़ा किया गया। किन्तु कोई नहीं आया। परमाणु ऊर्जा विभाग के अधिकारी अंततः 17 नवम्बर को पुलिस व स्थानीय प्रशासन के साथ आए। हजारों ग्रामीणों ने उनका रास्ता रोक लिया। इसका नेतृत्व पश्चिम बंग खेत मजूर समिति व एक मछुआरों के संगठन, 'मतस्यजीबी उन्नयन समिति', ने किया। तृणमूल कांग्रेस के सदस्य, जिनमें एक विधायक भी शामिल थे, सोशलिस्ट यूनिटी सेण्टर ऑफ इण्डिया व डेमोक्रेटिक सोशलिस्ट भी साथ में आए। यही कहानी अगले दिन भी दोहराई गई। हालांकि दल गांव नहीं पहुंच पाया लेकिन उसके अध्यक्ष एस.के. जैन, जो एन.पी. सी.आई.एल. के भी अध्यक्ष हैं, ने स्थल को स्वीकृति दे सरकार को सूचित कर दिया। 20 नवम्बर को जूनपुट बाजार में बड़ी रैली का आयोजन हुआ और 'परमाणु चुल्ली बिरोधी ओ भिताय माटी जीबन जीबीका बचाओ समिति' नामक व्यापक नागरिक मंच का गठन हुआ (दत्त, 2007)। इसके बाद 28 नवम्बर को जूनपुट बस स्टैण्ड पर एक और भारी रैली का आयोजन हुआ और वहां 'परमाणु बिद्युत प्रकल्प प्रतिरोध आंदोलन' का गठन हुआ। यह संगठन स्थानीय स्तर पर काफी सक्रिय रहा।

'नाभिकीय विरोधी मंच', 'नाभिकीय निशस्त्रीकरण एवं शांति हेतु गठबंधन' की पश्चिम बंगाल शाखा, 'सुरक्षित ऊर्जा एवं पर्यावरण' व 'राष्ट्रीय मछुआरा संघ' ने कोलकाता में 14 फरवरी, 2007, को हरिपुर नाभिकीय बिजली संयंत्र का विरोध करने के लिए एक राष्ट्रीय स्तर की बैठक आयोजित की। महाश्वेता देवी ने अपना समर्थन इस आंदोलन को दिया।

मुद्दे

लोग इस बात से सकते में थे कि उन्हें अपनी जमीन, घर से जुड़ी पैतृक भूमि, कृषि से जुड़ी आजीविका, समुद्र में मछली मारना और प्रसंस्करण के कामों से वंचित किया जा सकता है।

मांग

प्रकल्प को स्वीकृति न मिले।

सहयोगी

'पश्चिम बंग खेत मजूर समिति', 'मतस्यजीबी उन्नयन समिति', स्थानीय विधायक, तृणमूल कांग्रेस, सोशलिस्ट यूनिटी सेण्टर ऑफ इण्डिया व डेमोक्रेटिक

सोशलिस्ट पार्टी के सदस्य, 'परमाणु चुल्ली बिरोधी ओ भिताय माटी जीबन जीबीका बचाओ समिति', 'परमाणु बिद्युत प्रकल्प प्रतिरोध आंदोलन', 'नाभिकीय विरोधी मंच', 'नाभिकीय निशस्त्रीकरण एवं शांति हेतु गठबंधन', 'सुरक्षित ऊर्जा एवं पर्यावरण' व 'राष्ट्रीय मछुआरा संघ' व प्रसिद्ध साहित्यकार महाश्वेता देवी।

वर्तमान स्थिति

शुरू से ही कड़े विरोध के कारण प्रस्तावित प्रकल्प अनिश्चितता की स्थिति में रहा। दैनिक 'बर्तमान' में एक खबर छपी थी कि नाभिकीय ऊर्जा कॉरपोरेशन के अध्यक्ष ने हरिपुर संयंत्र को स्वीकृति देते हुए प्रधानमंत्री को खत लिखा था। इसकी वजह से अफरा तफरी मची और 22 अगस्त, 2007, को एक और बड़ी प्रतिरोध सभा हुई।

ममता बनर्जी ने मुख्यमंत्री बनने के बाद यह आश्वासन दिया कि हरिपुर नाभिकीय बिजली संयंत्र नहीं लगेगा।

2.10. मीठी विर्डी में प्रस्तावित नाभिकीय बिजली संयंत्र के खिलाफ आंदोलन

स्थल

गुजरात के भावनगर जिला मुख्यालय के दक्षिण में 50 कि.मी. दूर अलंग शिप ब्रेक्रिंग यार्ड के नजदीक मीठी विर्डी स्थित है।

गतिविधि

अमरीका की वेस्टिंगहाऊस कम्पनी के कुल 8000 मेगावॉट क्षमता के छह रिएक्टर लगने हैं।

स्थानीय प्रतिक्रिया

2006 में लोगों को प्रकल्प के बारे में अखबार से पता लगा। इसके पश्चात सुरेन्द्र गाडेकर और पर्यावरण सुरक्षा समिति के कार्यकर्ता क्षेत्र में आए और लोगों को नाभिकीय बिजली संयंत्र के खतरों के बारे में बताया। इस परियोजना से चार गांवों मीठी विर्डी, जसपरा, छाया और माण्डवा के कुल 700-900 परिवार सीधे प्रभावित होने वाले हैं। ये सभी परिवार अब इतने जागरूक हैं कि परियोजना का विराध करते हैं। जब सरकारी अधिकारी मृदा जांचने, पानी जांचने या जमीन नापने के लिए अथवा जिलाधिकारी लोगों को समझाने आए तो लोगों ने उन्हें वापस कर दिया। करीब 800 लोगों ने जमीन न देने की बात शपथ पत्र पर दाखिल की है । प्रस्तावित प्रकल्प के खिलाफ अप्रैल, 2010, में 6000 लोगों का गांव में ही सम्मेलन हुआ। महुवा से निरमा कम्पनी के खिलाफ 300 कि.मी. की पदयात्रा में यहां के लोग भी शामिल हुए और गांधीनगर में मुख्यमंत्री को नाभिकीय बिजली संयंत्र के खिलाफ जाकर ज्ञापन दिया।

मुद्दे

लोग अपनी जमीन प्रकल्प के लिए नहीं देना चाहते और न ही नाभिकीय

बिजली संयंत्र के दुष्परिणामों को झेलना चाहते हैं।

मांग

नाभिकीय बिजली संयंत्र रद्द किया जाए।

सहयोगी

सम्पूर्ण क्रांति विद्यालय, पर्यावरण सुरक्षा समिति, उत्थान, सर्वोदय मण्डल, भावनगर अणु अभ्यास समूह

वर्तमान स्थिति

सरकार लोगों का विरोध देखते हुए धीमी पड़ी है और लोग भी सरकार के अगले कदम का इंतजार कर रहे हैं।

2.11. गोरखपुर में प्रस्तावित नाभिकीय बिजली संयंत्र के खिलाफ आंदोलन

स्थल

हरयाणा के फतेहाबाद जिले में हिसार शहर के नजदीक, दिल्ली से 210 कि. मी. दूर गोरखपुर गांव स्थित है।

गतिविधि

700 मेगावॉट के चार भारी पानी रिएक्टर लगाने का प्रस्ताव है।

स्थानीय प्रतिक्रिया

2010 में एन.पी.सी.आई.एल. ने स्थल चयन किया और 29 जुलाई को भू-अधिग्रहण अधिनियम के तहत लोगों को सूचना दी गई। गोरखपुर, बड़ोपाल व काजल हेरी गांवों की कुल 1500 एकड़ जमीन अधिग्रहित होनी है। शुरू में लोगों ने परियोजना का यह सोच कर स्वागत किया था कि उनकी जमीनों के दाम बढ़ जाएंगे लेकिन जैसे उन्हें खतरों के बारे में पता लगा अगस्त 2010 से किसान संघर्ष समिति के तत्वावधान में प्रस्तावित प्रकल्प का विरोध किया जा रहा है। फतेहाबाद जिला मुख्यालय पर 17 अगस्त, 2010, से लगातार धरना दिया जा रहा है। तीन किसान अभी तक धरना स्थल पर अपनी जान गवां चुके है। अब आस-पास के गांव भी संघर्ष में शामिल हो गए हैं। इस नाभिकीय बिजली संयंत्र के लिए पानी की जरूरत भाखड़ा शाखा नहर से पूरी की जाएगी जिसका तात्पर्य यह हुआ कि इस कृषि सम्पन्न इलाके को खेती के लिए पानी से वंचित किया जाएगा। परमाणु ऊर्जा नियामक बोर्ड के मानक कि संयंत्र से 16 कि.मी. की त्रिज्या में 10,000 से ज्यादा आबादी नहीं होनी चाहिए का यहां घोर उल्लंघन होगा।

फरवरी, 2012, में धारा 6 का प्रकाशन हुआ और प्रति एकड़ रु. 36 लाख मुआवजे की पेशकश सरकार की तरफ से हुई। लेकिन किसानों को यह भी मंजूर नहीं है।

17 जुलाई, 2012, को पर्यावरणीय प्रभाव मूल्यांकन पर जन सुनवाई में गोरखपुर में 8000 किसान एकत्र हुए और किसान संघर्ष समिति के अध्यक्ष हंसराज सिंह सिवाच ने यह सवाल उठाया कि नियमानुसार मूल्यांकन रपट स्थानीय भाषा में एक

माह पहले क्यों नहीं उपलब्ध कराई गई। किसानों के आक्रामक तेवर देख जन सुनवाई के लिए आये अधिकारी 40 मिनट में वहां से बैठक समेट कर चले गए।

मुद्दे

नाभिकीय बिजली संयंत्र के खतरों से लोग सशंकित है।

मांग

नाभिकीय बिजली संयंत्र न लगाया जाए।

सहयोगी

किसान संघर्ष समिति, परमाणु ऊर्जा विरोधी मोर्चा, हरियाणा, भारत जन विज्ञान जत्था

वर्तमान स्थिति

किसानों का धरना लगातार जारी है। सरकार भी कोई जल्दबाजी नहीं दिखा रही।

2.12. चुटका में प्रस्तावित नाभिकीय बिजली संयंत्र के खिलाफ आंदोलन

स्थल

चुटका गांव मध्य प्रदेश में जबलपुर के नजदीक मण्डला जिले में स्थित है।

गतिविधि

यहां एक नाभिकीय बिजली संयंत्र प्रस्तावित है।

स्थानीय प्रतिक्रिया

पहली बार 1984 में चुटका में नाभिकीय बिजली संयंत्र लगाने की बात सुनने में आई थी। तब 200-250 फीट जमीन के नीचे से पत्थरों के नमूने जांच के लिए ले जाए गए थे। यह गांव बरगी बांध से विस्थापित लोगों का है। बिजली संयंत्र के लिए बरगी जलाशय से पानी लेने की योजना थी। किन्तु चेर्नोबिल की दुर्घटना के बाद पंद्रह वर्षों तक कोई बात नहीं हुई। फिर 1998 के नाभिकीय शस्त्र परीक्षण के बाद चुटका में बिजली संयंत्र लगाने की बात उठी। स्थानीय संगठन 'बरगी बांध विस्थापित एवं प्रभावित संघ' ने लोगों को नाभिकीय बिजली संयंत्र के खतरों के प्रति आगाह किया। डॉ संघमित्रा गाडेकर का एक दौरा व गांवों में बैठकें आयोजित हुईं।

पहले तो लोगों ने प्रकल्प का स्वागत किया। इसलिए भी क्योंकि इस नाभिकीय बिजली संयंत्र को माधव राव सिंधिया शिवपुरी में लगवाना चाहते थे। अतः बरगी-जबलपुर के लोगों के लिए यह प्रतिष्ठा का मुद्दा भी रहा है।

मांग

'बरगी बांध विस्थापित एवं प्रभावित संघ' से जुड़े लोग तो नहीं चाहते कि लोगों को दोबारा विस्थापन झेलना पड़े। लेकिन अभी नाभिकीय बिजली संयंत्र के खिलाफ कोई मजबूत आवाज नहीं उठी है।

सहयोगी

'बरगी बांध विस्थापित एवं प्रभावित संघ'

वर्तमान स्थिति

अभी अनिश्चय की स्थिति है। परमाणु ऊर्जा विभाग भी स्पष्ट नहीं कर रहा कि उसकी क्या योजना है और लोग भी निष्क्रिय हैं।

2.13. कोवाडा में प्रस्तावित नाभिकीय बिजली संयंत्र के खिलाफ आंदोलन

स्थल

आंध्र प्रदेश के श्रीकाकुलम जिले के रणस्थलम मण्डल में कोवाडा गांव स्थित है।

गतिविधि

अमरीका की जनरल इलेक्ट्रिक कम्पनी द्वारा 6000 मेगावॉट क्षमता का एक नाभिकीय बिजली संयंत्र लगाने की योजना है।

स्थानीय प्रतिक्रिया

एक बार 1984 में इस प्रकल्प को रुकवाया जा चुका है। किन्तु अब सांसद बोत्सा सूर्यनारायणा व बोत्सा झांसी और विधायक धर्मना प्रसाद राव लोगों पर इस परियोजना को मंजूर करने का दबाव बना रहे हैं इसलिए लोग असमंजस में पड़ गए हैं।

मांग

लोगों की राय फिलहाल विभाजित है।

सहयोगी

यूरेनियम प्रकल्पों के खिलाफ आंदोलन, जन आंदोलनों का राष्ट्रीय समन्वय

वर्तमान स्थिति

फिलहाल अनिश्चितता की स्थिति बनी हुई है।

3. पोकरण क्षेत्र में आंदोलन

भारत ने 1974 और 1998 में दोनों समय राजस्थान के रेगिस्तान में पोकरण के पास अपने नाभिकीय परीक्षण किए। परीक्षण स्थल के पास रहने वाले लोगों, उदाहरण स्वरूप खेतोलाई, जो दुनियाभर में किसी परीक्षण स्थल के सबसे नजदीक, 1998 के परीक्षण स्थल से सिर्फ 3 कि.मी. दूर रहने वाली आबादी है, में इस बात को लेकर आक्रोश है कि उनकी जिन्दगी को खतरे में डाला जा रहा है। उनमें डर है कि उन्हें या उनकी आने वाली पीढ़ियों को परीक्षण की वजह से उत्सर्जित विकिरण का खामियाजा भुगतना पड़ेगा।

परमाणु ऊर्जा विभाग बिना राजस्थान सरकार को सूचित किए, जैसे कि 2000 में मुख्यमंत्री अशोक गहलोत ने उनसे मिलने गए एक प्रतिनिधिमण्डल को पुष्टि की, पोकरण के पास एक गांव सनावड़ा में रेडियोधर्मी कचरे को दफनाने की तैयारी

कर रहा था। जब स्थानीय लोगों को यह मालूम हुआ तो उन्होंने कड़ा प्रतिरोध किया और विभाग को अपने पैर, भले ही कुछ समय के लिए, पीछे खींचने पड़े।

4. अन्य नागरिक समाज नाभिकीय विरोधी पहल

4.1. अणुमुक्ति

अगस्त, 1987, से सम्पूर्ण क्रांति विद्यालय, वेडछी, द्वारा प्रकाशित इस द्विमासिक पत्रिका का सम्पादन सुरेन्द्र व संघमित्रा गाडेकर करते हैं। यह हिन्दी व अंग्रेजी दोनों भाषाओं में प्रकांशित होती है। कुछ समय के लिए प्रकाशन स्थगित हो गया था। हालांकि वेबसाइट पर यह पत्रिका उपलब्ध है।

4.2. अखिल भारतीय शांति एवं एकता संगठन

रमेश चन्द्र और पेरिन चन्द्र के नेतृत्व में अखिल भारतीय शांति एवं एकता संगठन ने (ऑल इण्डिया पीस एण्ड सॉलीडैरिटी ऑरगनाइजेशन) स्वतंत्र भारत में पहली बार नाभिकीय विरोधी अभियान चलाया। इस अभियान से प्रेरित हो कई युवा शांति के काम के लिए आगे आए।

4.3. भारत में नाभिकीय निशस्त्रीकरण हेतु आंदोलन

वैश्विक व क्षेत्रीय नाभिकीय निशस्त्रीकरण के उद्देश्य से 1983 में 'भारत में नाभिकीय निशस्त्रीकरण हेतु आंदोलन' (मूवमेण्ट इन इण्डिया फॉर न्यूक्लियर डिसआर्मामेण्ट) कुछ वैज्ञानिकों, बुद्धिजीवियों, कलाकारों, शिक्षकों, छात्रों व मजदूर संगठनों के कार्यकर्ताओं ने शुरू किया। कुछ समय बाद भारत में नाभिकीय निशस्त्रीकरण हेतु आंदोलन का नाम बदल कर 'नाभिकीय निस्त्रीकरण हेतु समूह' (ग्रुप फॉर न्यूक्लियर डिसआर्मामेण्ट) कर दिया गया। मुम्बई के महिलाओं के सोफिया कॉलेज व जे.बी. पेटिट स्कूल दो शैक्षणिक संस्थान थे जहां इस समूह की बैठकें होती थीं। '80 के शुरुआत में कई जन जागरण के कार्यक्रम लिए गए जिनमें कॉलेज छात्रों द्वारा प्रदर्शनी के आयोजन भी शामिल थे। हिरोशिमा दिवस के अवसर पर आजाद मैदान में सार्वजनिक प्रदर्शन भी होता था। कुछ समय के बाद यह निष्क्रिय हो गया और फिर 1998 के नाभिकीय परीक्षण के बाद दिल्ली में अपने मूल नाम भारत में नाभिकीय निशस्त्रीकरण हेतु आंदोलन से पुनर्जीवित हुआ और एक राष्ट्रीय मंच 'नाभिकीय निशस्त्रीकरण एवं शांति हेतु अभियान' के निर्माण में इसकी अहम भूमिका रही।

4.4. नाभिकीय निशस्त्रीकरण एवं शांति हेतु गठबंधन

'नाभिकीय निशस्त्रीकरण एवं शांति हेतु अभियान' का दिल्ली में नवम्बर 2000 में नाभिकीय शस्त्रों का विरोध करने वाले कार्यकर्ताओं व संगठनों के एक राष्ट्रीय सम्मेलन में 'नाभिकीय निशस्त्रीकरण एवं शांति हेतु गठबंधन' में रूपांतरण हुआ।

'नाभिकीय निशस्त्रीकरण एवं शांति हेतु गठबंधन' और उससे पहले 'भारत में नाभिकीय निशस्त्रीकरण हेतु आंदोलन' ने पाकिस्तान में इन्हीं उद्देश्यों से 1999 में कार्यकर्ताओं द्वारा निर्मित 'पाकिस्तान शांति मंच' (पाकिस्तान पीस फोरम) के साथ ताल-मेल बना कर काम किया। 2004 में दूसरा राष्ट्रीय सम्मेलन जयपुर में तथा 2008 में तीसरा राष्ट्रीय सम्मेलन नागपुर में आयोजित हुआ। 'नाभिकीय निशस्त्रीकरण एवं शांति हेतु गठबंधन' राष्ट्रीय, क्षेत्रीय व वैश्विक नाभिकीय निशस्त्रीकरण हेतु प्रतिबद्ध है। इसकी अन्य गतिविधियां हैः (1) नाभिकीय ऊर्जा के क्षेत्र में कड़ी सुरक्षा, पारदर्शिता व जवाबदेही की मांग, (2) भारत व पाकिस्तान के बीच लोगों के स्तर पर सम्पर्क व शांति को बढ़ावा देने वाले प्रयासों का सहयोग करना, (3) फिलीस्तीन व अन्य स्थानों पर गैर कानूनी घुसपैठ का विरोध करना, व (4) अमरीका की साम्राज्यवादी नीतियों व विभिन्न रूपों में सैन्यीकरण का विरोध करना।

4.5. शांति एवं विकास हेतु भारतीय चिकित्सक

'शांति एवं विकास हेतु भारतीय चिकित्सक' (इण्डियन डॉक्टर्स फॉर पीस एण्ड डेवेलपमेण्ट) 'नाभिकीय युद्ध को रोकने हेतु अंतर्राष्ट्रीय चिकित्सक' (इण्टरनेशनल फीज़ीशियन्स फॉर प्रिवेंशन ऑफ न्यूक्लियर वॉर) की भारतीय शाखा है जो 1984 में पटना में हुए अपने पहले सम्मेलन में पहले 'नाभिकीय युद्ध को रोकने हेतु भारतीय चिकित्सकों का राष्ट्रीय संगठन' (नेशलन एसोशिएशन ऑफ इण्डियन डॉक्टरर्स फॉर प्रिवेंशन ऑफ न्यूक्लियर वॉर) के रूप में स्थापित हुई थी। बाद में इसका नाम 'शांति एवं विकास हेतु भारतीय चिकित्सक' रखा गया। यह चिकित्साकर्मियों एवं आम नागरिकों को युद्ध एवं हिंसा खासकर नाभिकीय शस्त्रों व अन्य व्यापक नरसंहार की क्षमता वाले हथियारों के स्वास्थ्य के लिए दुष्परिणामों के प्रति जागरूक करने में महत्वपूर्ण भूमिका अदा कर रही है। 'शांति एवं विकास हेतु भारतीय चिकित्सक' ने हाल ही में यूरेनियम खनन का आस-पास रहने वाली आबादी के स्वास्थ्य पर पड़ने वाले प्रभावों पर एक पुस्तिका प्रकाशित की है।

4.6. नाभिकीय शस्त्रों के खिलाफ पत्रकार

भारत व पाकिस्तान के नाभिकीय परीक्षणों के बाद ऐसे पेशेवर पत्रकारों को साथ में लाने, जो नाभिकीय शस्त्रीकरण से चिंतित थे, के उद्देश्य से 'नाभिकीय शस्त्रों के खिलाफ पत्रकार' (जर्नलिस्टस् अगेन्सृट न्यूक्लियर वीपन्स) की स्थापना चेन्नई में हुई।

4.7. नाभिकीय शस्त्रों के खिलाफ आंदोलन

'नाभिकीय शस्त्रों के खिलाफ आंदोलन' (मूवमेण्ट अगेन्सृट न्यूक्लियर वीपन्स) की स्थापना 9 जून, 2000, को ऐसे 32 जनाधार वाले संगठनों को लेकर की गई जो भारत, उप-महाद्वीप व विश्व में नाभिकीय शस्त्रों के खिलाफ संघर्ष के लिए प्रतिबद्ध थे।

4.8. विश्व शांति पदयात्रा, 1999

पोकरण से 25 कि.मी. दूर 1998 के नाभिकीय परीक्षण से सबसे नजदीक गांव खेतोलाई से लेकर सारनाथ, जहां गौतम बुद्ध ने ज्ञान प्राप्त करने के बाद अपना पहला प्रवचन दिया था, तक एक पदयात्रा का आयोजन हुआ। 'विश्व शांति पदयात्रा', 11 मई, 1999, को ठीक नाभिकीय परीक्षणों के एक वर्ष बाद शुरू हुई और 1500 कि.मी. की दूरी 88 दिनों में पूरी करते हुए हिरोशिमा दिवस, 6 अगस्त, को समाप्त हुई। रास्ते में वैश्विक नाभिकीय निशस्त्रीकरण के समर्थन में 18,000 हस्ताक्षर एकत्र हुए जो सातों नाभिकीय शस्त्र सम्पन्न देशों को सौंपे गए।

5. निष्कर्ष

भारत में राष्ट्रीय स्तर पर कोई मजबूत नाभिकीय विरोधी आंदोलन नहीं है जैसे कि कई विकसित देशों, खासकर यूरोप के देशों, अमरीका व जापान में है। 'नाभिकीय निशस्त्रीकरण एवं शांति हेतु गठबंधन' जो राष्ट्रीय स्तर के नाभिकीय विरोधी शांति कार्यक्रमों की पहल लेता है लगातार प्रयास करने और उच्च गुणवत्ता वाली बहस चलाने के बावजूद कमजोर है। सरकार की नाभिकीय ईंधन क्रम की गतिविधियों का कड़ा एवं महत्वपूर्ण विरोध विकेन्द्रित व स्थानीकृत ही रहा है। राष्ट्रीय स्तर के किसी संगठन या राजनीतिक दल ने फिलहाल सरकार के नाभिकीय कार्यक्रम के विरोध में भूमिका नहीं ली है। वाम दलों ने नाभिकीय शस्त्रों के खिलाफ तो सैद्धांतिक भूमिका ली है किन्तु नाभिकीय ऊर्जा से बिजली पैदा करने के कार्यक्रम का वे समर्थन करते हैं। जो स्थानीय आंदोलन हैं वे राष्ट्रीय आंदोलन का रूप इसलिए नहीं ले पाए क्योंकि वे अलग-अलग समय पर सक्रिय हुए। इसलिए ज्यादातर आंदोलन, जैसे कैगा में, सरकार के संयंत्र शुरू करा पाने के बाद जारी नहीं रह पाए। ज्यादातर आंदोलन जिस नाभिकीय ईंधन क्रम की जिस गतिविधि के विरोध में थे वे उन गतिविधियों के प्रारम्भ होने पर शांत हो गए। एक बार नाभिकीय बिजली संयंत्र शुरू हो जाने पर उनके विरोध की इच्छा शक्ति कमजोर पड़ती दिखाई पड़ी। सिर्फ दो आंदोलन जहां लोगों को सफलता मिली, पेरिंगोम व कोथामंगलम में, वहां सरकार शासक दल के कार्यकर्ताओं के आंदोलन में शामिल होने व उसका चुनावों पर प्रतिकूल परिणाम पड़ने की सम्भावना से घबरा गई और शुरुआती अवस्था में ही प्रकल्पों को वापस ले लिया। ममता बनर्जी के आश्वासन के बावजूद हरिपुर में परमाणु ऊर्जा विभाग नाभिकीय बिजली संयंत्र स्थापित करने का इरादा त्याग चुका है यह स्पष्ट नहीं है।

चूंकि ज्यादातर आंदोलन स्थानीय थे वहां विस्थापन एक बड़ा मुद्दा था न कि नाभिकीय कार्यक्रम की समझ के साथ वैचारिक विरोध की भूमिका। सरकार ने भी नए रोजगार के अवसर व विकास के वायदे का झांसा देकर आंदोलनों को कमजोर किया। सरकार ने प्रकल्पों को आगे बढ़ाने के लिए लोगों की कमजोरी का भरपूर फ़ायदा उठाया। लोगों ने भी भौतिक फायदे के सामने अपने स्वास्थ्य व जीवन के

प्रति खतरों को नजरअंदाज किया।

नाभिकीय क्षमता के साथ राष्ट्रीय गौरव व सम्प्रभुता के मुद्दे जुड़े हाने से सरकार के नाभिकीय कार्यक्रमों का विरोध और कठिन हो जाता है। नाभिकीय बिजली संयंत्रों का विरोध विकास विरोधी भूमिका के रूप में देखा जाता है। इसी वजह से संचार माध्यम या शिक्षित मध्य वर्ग नाभिकीय विरोधी कार्यक्रमों का समर्थन नहीं करता। इससे इन वर्गों की आंदोलनकारियों का नजरिया समझने की सम्भावना भी समाप्त हो जाती है और नाभिकीय शस्त्र या ऊर्जा को लेकर एक तटस्थ दृष्टिकोण विकसित करने से वे वंचित रह जाते हैं। संचार माध्यमों द्वारा सिर्फ एक पक्षीय नजरिया परोसने से नाभिकीय तंत्र का मुकाबला करना और भी मुश्किल हो जाता है।

फिर भी कम साक्षरता और सरकारी नाभिकीय गतिविधियों की पूर्ण गोपनीयता की परिस्थितियों में भी चंद कार्यकर्ताओं, स्वतंत्र वैज्ञानिकों व उपर्युक्त छोटे-छोटे आंदोलनों से इस देश में नाभिकीय कार्यक्रमों के प्रति खतरों का अहसास लोगों को हो गया है। परमाणु ऊर्जा विभाग की देश में कहीं भी ताजा गतिविधि के खिलाफ लोग तुरंत उठ खड़े होते हैं। संचार माध्यम तो सिर्फ सरकारी पक्ष ही रखते हैं लेकिन अनौपचारिक माध्यमों से लोगों तक वैकल्पिक जानकारी भी पहुंच रही है। कुछ सजग एवं सक्रिय नागरिकों की वजह से राष्ट्रीय स्तर पर नाभिकीय विरोधी गतिविधियाँ आयोजित होती रहती हैं। डॉक्यूमेण्टरी फिल्म निर्माता आनंद पटवर्द्धन की फिल्म 'जंग और अमन' से भी संदेश आम लोगों तक पहुंचा है।

नाभिकीय तंत्र को हाल ही में नया साथी मिल गया है– विश्व की एकमात्र महाशक्ति - जिसकी वजह से भविष्य में नाभिकीय विरोधी आंदोलन चलाना और मुश्किल हो जाएगा। नाभिकीय आपूर्तिकर्ता समूह और अंतर्राष्ट्रीय परमाणु ऊर्जा अभिकरण से जो भी मेहमान भारत आता है वह भारत को और नाभिकीय कार्यक्रमों के जाल में फंसाने का काम करता है। लेकिन दूसरी तरफ नाभिकीय कार्यक्रमों का जमीनी विरोध उस बड़े विरोध का हिस्सा है जिसमें भारतीय अर्थव्यवस्था पर नई आर्थिक नीतियां अपनाने के बाद से लगातार अंतर्राष्ट्रीय वित्तीय संस्थानों व देशी-विदेशी पूंजीपतियों का हमला हो रहा है और लोग जगह-जगह उसका विरोध कर रहे हैं क्योंकि उनका जीवन और आजीविका खतरे में है। सरकार जहां-जहां भू-अधिग्रहण के प्रयास कर रही है वहां उसे भारी प्रतिरोध झेलना पड़ रहा है। इसी प्रकार लोग बड़े उद्योगों का भी विरोध कर रहे हैं जो उनके लिए खतरा बन कर आए हैं। लोग स्थानीय प्राकृतिक संसाधनों पर अपने अधिकार व निर्णय की प्रक्रिया में भागीदारी की मांग कर रहे हैं। लोग पहले से ज्यादा अपने लोकतांत्रिक अधिकारों के प्रति जागरूक हैं जिसकी झलक नाभिकीय कार्यक्रमों के संदर्भ में आयोजित जन सुनवाइयों में भी देखी जा सकती है। अतः भारत में नाभिकीय विरोधी आंदोलन का भविष्य भारत में लोकतांत्रिक आंदोलनों के व्यापक भविष्य से जुड़ा हुआ है।

संदर्भ

- अल्वारेज़, क्लॉड, इण्डियाः एण्टी न्यूक्लियर मूवमेण्ट इरप्टस्, इण्टरनेशनल फॉउण्डेशन फॉर डेवेलेपमेण्ट ऑल्टरनेटिव्स डॉसियर, 57/58, जनवरी/अप्रैल 1987
- बिदवई, पी. और रमणा, एम.वी., होम, नेक्सट टू एन-रिएक्टर, तहलका, 18 अगस्त, 2007
- देसाई, नारायण, सम्पूर्ण क्रांति विद्यालय, वेडछी, में व्यक्तिगत बातचीत, 5 नवम्बर, 2007
- डीटरिच, गेबरियल, कुडनकुलम न्यूक्लियर प्लांट, द रिवाइवल ऑफ ए स्ट्रगल, द मूवमेण्ट ऑफ इण्डिया, खण्ड 2, अंक 1, जनवरी-फरवरी, 2007, जन आंदोलनों के राष्ट्रीय समन्वय की पत्रिका
- दत्त, नाबा, हरिपुरः लैण्ड फॉर न्यूक्लियर प्लांट, नागरिक मंच का आलेख, कोलकाता, 2007
- गाडेकर, सुरेन्द्र, कण्ट्री रिर्पोटः इण्डिया, 1996, http:\\members.tripod.com\ ~no_nukes_sa\ overview.html
- गाडेकर, संघमित्रा और गाडेकर, एस.एन., रावतभाटा, न्यूक्लियर एनर्जी एण्ड पब्लिक सेफ्टी, सम्पादन गौड़, वी., इण्डियन नेशनल ट्रस्ट फॉर आर्ट एण्ड कल्चरल हेरिटेज, नई दिल्ली, पृष्ठ 57-87, 1996
- गाडेकर, सुरेन्द्र, श्रीकुमार और गाडेकर, संघमित्रा, हेल्थ इम्पैक्ट्स ऑफ यूरेनियम माइनिंग इन जादूगोड़ा, इण्डिया, तैयार हो रहा है।
- गोपालकृष्णन, ए., न्यूक्लियर सेफटीः पब्लिक कनसर्नस्, न्यूक्लियर एनर्जी एण्ड पब्लिक सेफ्टी, सम्पादन गौड़, वी., इण्डियन नेशनल ट्रस्ट फॉर आर्ट एण्ड कल्चरल हेरिटेज, नई दिल्ली, पृष्ठ 3-10, 1996
- इण्डियन डॉक्टर्स् फॉर पीस एण्ड डेवेलेपमेण्ट प्रकाशन, 'ब्लैक मैजिक ऑफ यूरेनियम ऐट जादूगोड़ा', 2008
- लुडलम, स्कॉट, एनर्जी फॉर पीपुलः प्लानिंग, कॉनसरवेशन एण्ड सस्टेनेबल आल्टरनेटिव्स्, नो न्यूक्स् एशिया फोरम, बैंगलोर, 1999
- रामकृष्ण, वाई.बी., पीपुल्स् मूवमेण्टः कैगा, ए केस स्टडी, न्यूक्लियर एनर्जी एण्ड पब्लिक सेफटी, सम्पादन गौड़, वी., इण्डियन नेशनल ट्रस्ट फॉर आर्ट एण्ड कल्चरल हेरिटेज, नई दिल्ली, पृष्ठ 163-168, 1996
- रमणा, एम.वी., ला ट्राहिसन डेस क्लर्क्स्, साइंटिस्ट्स् एण्ड इण्डियाज़ न्यूक्लियर बॉम्ब, प्रिज़नरस् ऑफ द न्यूक्लियर ड्रीम, सम्पादन रमणा, एम.वी. व रेड्डी, राममनोहर सी., 2003
- रमणा, एम.वी. व गाडेकर, एस., द प्राइस वी पेः फ्रॉम यूरेनियम टू वीपन्स, प्रिज़नरस् ऑफ द न्यूक्लियर ड्रीम, सम्पादन रमणा, एम.वी. व रेड्डी, राममनोहर सी., 2003
- सोराब, के., पीपुल्स् मूवमेण्ट अगेन्स्ट न्यूक्लियर प्रोजेक्ट्स्ः द कैगा केस, न्यूक्लियर एनर्जी एण्ड पब्लिक सेफटी, सम्पादन गौड़, वी., इण्डियन नेशनल ट्रस्ट फॉर आर्ट एण्ड कल्चरल हेरिटेज, नई दिल्ली, पृष्ठ 154-162, 1996
- शर्मा, धीरेन्द्र, द इण्डियन एटम, पावर एण्ड प्रॉलीफरेशन, द कमीटी फॉर ए सेन न्यूक्लियर पॉलिसी, फिलॉसोफी एण्ड सोशल एक्शन, नई दिल्ली, 1986
- उदयकुमार, एस.पी., द कुडनकुलम हैण्डबुक, 2004

❑❑